中国古代衙门

王 俊 编著

中国商业出版社

图书在版编目（CIP）数据

中国古代衙门/王俊编著. -- 北京：中国商业出版社，2017.1

ISBN 978-7-5044-9666-9

Ⅰ.①中… Ⅱ.①王… Ⅲ.①国家行政机关-中国-古代 Ⅳ.① D691.2

中国版本图书馆 CIP 数据核字 (2016) 第 317606 号

责任编辑：常　松

中国商业出版社出版发行
010-63180647　www.c-cbook.com
（100053 北京广安门内报国寺 1 号）
新华书店经销
三河市同力彩印有限公司
*
710×1000 毫米　16 开　15 印张　253 千字
2017 年 9 月第 1 版　2017 年 9 月第 1 次印刷
定价：45.00 元
* * * *
（如有印装质量问题可更换）

《中国传统民俗文化》编委

主　编	傅璇琮	著名学者，原国务院古籍整理出版规划小组秘书长，清华大学古典文献研究中心主任教授，原中华书局总编辑
顾　问	蔡尚思	著名历史学家，中国思想史研究专家
	卢燕新	南开大学文学院副教授
	王永波	四川省社会科学院文学研究所副研究员
	叶　舟	中国思维科学研究院院长，清华大学、北京大学特聘教授
	于春芳	北京第二外国语学院教授
	杨玲玲	西班牙文化大学文化与教育学博士
编　委	陈鑫海	首都师范大学中文系博士
	李　敏	北京语言大学古汉语古代文学博士
	赵　芳	出版社高级编辑，曾编辑出版过多部文化类图书
	韩　霞	山东教育基金会理事，作家
	陈　娇	山东大学哲学系讲师
	吴军辉	河北大学历史系讲师
	石雨祺	出版社高级编辑，曾编辑出版过多部历史类图书
	王　欣	全国特级教师

策划及副主编　王　俊

序　言

　　中国是举世闻名的文明古国，在漫长的历史发展过程中，勤劳智慧的中国人，创造了丰富多彩、绚丽多姿的文化，可以说人创造了文化，文化创造了人，这些经过锤炼和沉淀的古代传统文化，凝聚着华夏各族人民的性格、精神、智慧，是中华民族相互认同的标志和纽带。在人类文化的百花园中摇曳生姿，展现着自己独特的风采，对人类文化的多样性发展作出了巨大贡献。中国传统民俗文化内容广博，风格独特，深深地吸引着世界人民的眼光。

　　正因如此，我们必须深入学习贯彻十八届三中全会精神，按照中央的规定，加强文化建设。2006年5月，时任浙江省委书记的习近平同志就已提出："文化通过传承为社会进步发挥基础作用，文化会促进或制约经济乃至整个社会的发展。"又说："文化的力量最终可以转化为物质的力量，文化的软实力最终可以转化为经济的硬实力。"（《浙江文化研究工程成果文库总序》）今年他去山东考察时，又再次强调：中华民族伟大复兴，需要以中华文化发展繁荣为条件。

　　学习习近平同志的重要讲话，确可体会到，在政治、经济、军事、社会和自然要素之中，文化是协调各个要素协同发展、相关耦合的关健。正因为此，我们应该对华夏民族文化进行广阔、全面的检视。我们应该唤醒我们民族的集体记忆，复兴我们民族的伟大精神，发展和繁荣中华民族的优秀文化，为我们民族在强国之路上阔步前行创设先决条件。

实现民族文化的复兴，更必须传承中华文化的优秀传统。现代中国人，特别是年轻人，对传统文化十分感兴趣，蕴含感情。但当下也有人对具体典籍、历史事实不甚了解，比如说，中国是书法大国，谈起书法，有些人或许只知道些书法大家如王羲之、柳公权等等的名字，知道《兰亭集序》是千古书法珍品，仅此而已。再比如说，我们都知道中国是闻名于世的瓷器大国，中国的瓷器令西方人叹为观止，中国也因此而获得了"瓷器之国"（英语china的另一义即为瓷器）的美誉。然而关于瓷器的由来、形制的演变、纹饰的演化、烧制等等瓷器文化的内涵，就知之甚少了。中国还是武术大国，然而国人的武术知识，或许更多地来源于一部部精彩的武侠影视作品，对于真正的武术文化，我们也难以窥其堂奥了。我们还是崇尚玉文化的国度，我们的祖先，发现了这种"温润而有光泽的美石"，并赋予了这种冰冷的自然物以鲜活的生命力和文化性格，例如"君子当温润如玉"，女子应"冰清玉洁"、"守身如玉"；"玉有五德"，即"仁"、"义"、"智"、"勇"、"洁"，等等。今天，熟悉这些玉文化的内涵的国人，也为数不多了。

也许正有鉴于此，有忧于此，近年来，已有不少有志之士，开始了复兴中国传统文化的努力，读经热开始风靡海峡两岸，不少孩童乃至成人，开始重拾经典，在故纸旧书中品味古人的智慧，发现古文化历久弥新的魅力。电视讲坛里一波又一波对古文化的讲述，也吸引着数以万计的人们，重新审视古文化的价值。现在放在读者眼前的这套"中国传统民俗文化丛书"，也是这一努力的又一体现。我们现在确应注重研究成果的学术价值和应用价值，充分发挥其认识世界、传承文化、创新理论、咨政育人的重要作用。

中国的传统文化内容博大，体系庞杂，该如何下手，如何呈现？这套丛书处理得可谓系统性强，别具心思。编者分别按物质文化、制度文化、精神文化等方面来分门别类地进行组织编写，例如在物质文化的层面，就有中国古代纺织、中国古代酒具、中国古代农具、中国古代青铜器、中国古代钱币、中国古代石刻、中国古代木雕、中国古代建筑、中国古代砖瓦、中国古代玉器、中国古代陶器、中国古代漆器、中国古代桥梁等等。

在精神文化的层面，就有中国古代书法、中国古代绘画、中国古代音乐、中国古代艺术、中国古代篆刻、中国古代家训、中国古代戏曲、中国古代版画等等；在制度文化的层面，就有中国古代科举、中国古代官制、中国古代教育、中国古代军队、中国古代法律等等。

此外，在历史的发展长河中，中国各行各业还涌现出一大批杰出的人物，至今闪耀着夺目的光辉，启迪后人，示范来者，对此，这套丛书也给予了应有的重视，中国古代名将、中国古代名相、中国古代名帝、中国古代文人、中国古代高僧等等，就是这方面的体现。

生活在21世纪的我们，或许对古人的生活颇感好奇，他们的吃穿住用如何？他们如何过节？如何安排婚丧嫁娶？如何交通？孩子如何玩耍？等等。这些饶有兴趣的内容，这套中国传统民俗文化丛书，都有所涉猎，例如中国古代婚姻、中国古代丧葬、中国古代节日、中国古代风俗、中国古代礼仪、中国古代饮食、中国古代交通、中国古代家具、中国古代玩具、中国古代鞋帽等等，这些书籍介绍的，都是人们深感兴趣，平时却无从知晓的内容。

在经济生活的层面，这套丛书安排了中国古代农业、中国古代纺织、中国古代经济、中国古代贸易、中国古代水利、中国古代车马、中国古代赋税等等内容，足以勾勒出古人经济生活的主要内容，让今人得以窥见自己祖先曾经的经济生活情状。

在物质遗存方面，这套丛书则选择了中国古镇、中国古楼、中国古寺、中国古陵墓、中国古塔、中国古战场、中国古村落、中国古街、中国古代宫殿、中国古代城墙、中国古关等内容。相信读罢这些书，喜欢中国古代物质遗存的读者，已经能大致掌握这一领域的大多数知识了。

除了上述内容外，其实还有很多难以归类却饶有兴趣的内容，例如中国古代的乞丐这样的社会史内容，也许有助于我们深入了解这些古代社会底层民众的真实生活情状，走出武侠小说家们加诸他们身上的虚幻不实的丐帮色彩，还原他们的本来面目，加深我们对历史真实的了解。继承和发扬中华民族几千年创造的优秀文化和民族精神是我们责无旁贷的历史责任。

不难看出，单就内容所涵盖的范围广度来说，有物质遗产，有非物质遗产，还有国粹。这套丛书无疑当得起"中国传统文化的百科全书"的美誉了。这套书还邀约了大批相关的专家、教授参与并指导了稿件的编写工作。

应当指出的是，这套书在写作中，既钩稽、爬梳大量古代文化文献典籍，又参照近人与今人的研究成果，将宏观把握与微观考察相结合。在论述、阐释中，既注意重点突出，又着重于论证层次清晰，从多角度、多层面对文化现象与发展加以考察。这套丛书的出版，有助于我们走进古人的世界，了解他们的美好生活，去回望我们来时的路。学史使人明智。历史的回眸，有助于我们汲取古人的智慧，借历史的明灯，照亮未来的路，为我们中华民族的伟大崛起添砖加瓦。

是为序。

傅璇琮

2014年2月8日

前 言

中国的历史是世界古代文明中少数没有中断、一以贯之的历史。中国的"衙门"也保持了连贯性。朝代有兴衰更替，人事有起伏代谢，后一代的政治制度总是在前一代的基础上调整、发展。

中国式衙门制度为人类历史贡献良多。比如，中国古代高度成熟的文官制度，为现代各国的文官制度提供了诸多遗产。其中的文官考试制度更是直接借鉴了古代科举制度。又比如，中国古代政治制度对"仁政"的宣扬，对道德的重视，与现今"德政"的呼吁有异曲同工之处。硬梆梆的制度、法律和柔性的道德、人性的结合，可能会导向优良的政体。当然，对中国古代政治制度的批评之声也不绝于耳，比如抨击君主专制独裁，又比如批评肮脏的官场伎俩等等。几千年的政治制度演变下来，优劣并存，泥沙俱下。

所谓衙门，实际上是古人对官府的俗称。"衙"字本写做"牙"，《诗经·小雅·祈父》上说，"祈父，予王之爪牙"，祈父是周代的官名，即司马，职掌武备，好比是猛兽的坚爪利牙。所以军队的大旗被称为"牙旗"，军营的营门也叫做"牙门"。魏晋南北朝时期，因为频繁的战争导致军政合一，因此，军事长官需要经常在军营内处理民政事务。

如此一来，时间一长，牙门就成了官府的代称了。后来，人们又讹传"牙"作"衙"，叫做"衙门"。直到现在依然沿用"衙门"二字。

尽管衙门表面看起来不过是一个办案机构，然而，它还代表了古代国家与社会生活的缩影，涉及范围及内容非常广泛。只是从衙门的审判角度来说，衙门官员在审理案件的时候徇私枉法、任性妄断也称得上是一个极为普遍的现象，不过，倘若我们翻开史书，就能够发现，不管中国哪个朝代的封建统治者，全都是将衙门官吏断狱责任的要求，放在非常显著的地位。

在古代衙门中，被涉及的问题可谓数不胜数，所以，本书只能尽可能多地在尊重历史真相的前提下，选取一些有趣味性，又对现代官员能起到促进作用的内容，呈现在读者面前。让广大爱好古代文学以及对古代衙门好奇的读者能够通过阅读本书，一方面拓展自己的知识面，在聚会访友时增加自己的谈资；另一方面能够对古代衙门的构成、衙门官员及其身边的办事人员、衙门刑讯及监狱、贪官枉法者的形成等方面有一个大致的了解，方便分析我国当下的刑事案件及法律漏洞。此外，最后一章的奇闻趣事更能让读者加深对古代衙门的印象。

总而言之，因为与古代衙门相关的史籍资料记载多而零乱，因此，编者在编写本书的过程中，还参考了大量的史籍及相关书籍。在此，对这些书籍的作者、编辑以及整理者致以诚挚的谢意。当然，因为编者能力有限，倘若书中有不足之处，欢迎大家指正。

目 录

第一章 推开厚重的"衙门"

第一节 衙门简史 …………………………………… 002

什么是衙门 ………………………………………… 002
秦汉时期的衙门初立 ……………………………… 004
隋唐时期的衙门权争 ……………………………… 009
毫无建树的两宋衙门 ……………………………… 013
明清奴隶化的衙门制度 …………………………… 016

第二节 古代衙门官员趣谈 ………………………… 022

会"投胎"的世袭制官员 ………………………… 022
古代官员的"品级官职" ………………………… 025
破家知县，灭门知府 ……………………………… 028
走马赴任和身份证明 ……………………………… 030
有人脉，才有"官运" …………………………… 033
下场凄惨的"不合群"官吏 ……………………… 037
衙门中人必懂的"规矩" ………………………… 040
带薪休假：古代官吏的福利 ……………………… 043

第二章　衙门官员身边的那些人

第一节　衙门老爷的跟班们 ············· 048
　　衙门官员身边都有哪些人 ············· 048
　　大官好办，"小鬼"难缠 ············· 052
　　衙门中的"廉吏" ············· 055
　　弄权舞弊的胥吏 ············· 058

第二节　衙门中的"小鬼" ············· 061
　　古代验尸官：仵作 ············· 061
　　衙门里的"门政大爷" ············· 064
　　古代特警：捕快 ············· 066
　　"无名有实"的审判官 ············· 068

第三章　衙门刑具与各种酷刑

第一节　衙门中的刑罚 ············· 074
　　古代刑罚 ············· 074
　　简单粗暴的刑罚 ············· 077
　　斩刀之下必有亡魂 ············· 081
　　活刑具：牢头狱霸 ············· 084
　　古代的另类刑罚 ············· 087

第二节　古代衙门酷刑 ············· 091
　　齐天大圣的"紧箍" ············· 091
　　"皮开肉绽"说杖刑 ············· 093
　　双脚尽失的刖刑 ············· 096

"奇耻大辱"的宫刑 …………………………………… 100

第三节　"人间地狱"——衙门监狱 ………………………… 104

中国古代监狱与狱官的设置 ……………………………… 104
中国最早的监狱：圜土 …………………………………… 107
人人避之不及的牢狱 ……………………………………… 109
明代"任性"的厂卫监狱 ………………………………… 112
一入监狱深似海 …………………………………………… 114
才高八斗唱"狱歌" ……………………………………… 116
文人的禁区：文字狱 ……………………………………… 118
面对不公，勇于抗争 ……………………………………… 121

第四章　衙门中的潜规则

第一节　古代官场厚黑学 ……………………………………… 126

顺应"潮流"好做官 ……………………………………… 126
官场"敲门砖"：金榜题名 ……………………………… 131
如何当一个"好"官员 …………………………………… 135
纱帽底下无穷汉 …………………………………………… 140

第二节　古代衙门潜规则 ……………………………………… 143

衙门官员的强大"靠山" ………………………………… 143
层出不穷的"窝里斗" …………………………………… 147
衙门官员"黑吃黑" ……………………………………… 150

第三节　衙门贪官如何养成 …………………………………… 154

官场中的"礼尚往来" …………………………………… 154

钱权交易的赀官制官员 ………………………………… 159

衙门官员的肿瘤：腐败 ………………………………… 162

"合法"的受贿 …………………………………………… 166

齐心协力吃"蛋糕" ……………………………………… 169

公费"行乐三部曲" ……………………………………… 171

衙门官员的"灰色收入" ………………………………… 174

衙门里的"红包文化" …………………………………… 178

第五章　古代衙门奇闻趣事录

第一节　古代衙门奇闻录 …………………………… 184

官员也有怕老婆 ………………………………………… 184

乾隆微服私访记 ………………………………………… 189

知州逐客有缘由 ………………………………………… 191

金镯带泪话平等 ………………………………………… 196

戏耍知县的"刀客" ……………………………………… 201

第二节　古代衙门异闻录 …………………………… 205

掐灭犯罪的源头 ………………………………………… 205

严惩恶棍妖僧 …………………………………………… 208

官场上的"野心家" ……………………………………… 214

狗眼看人，自取其辱 …………………………………… 218

参考书目 …………………………………………………… 224

第一章
推开厚重的"衙门"

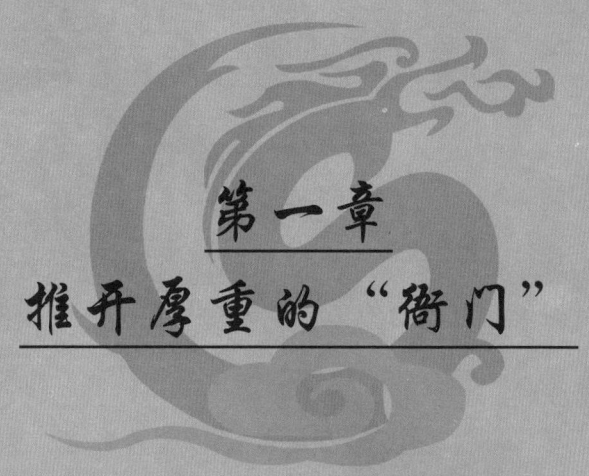

　　中国古代在长达几千年的封建统治中,逐渐形成了一个人人都要遵守的统一规则,而制定并用这一规则行事的单位就是衙门。上达天子,下至平民百姓,都受制于衙门。本章从衙门的基本概念、权争以及衙门文化等方面进一步对衙门作出详细的阐述。

第一节 衙门简史

■ 什么是衙门

衙门的出现是和国家的产生同步的。有衙必有官,衙门与官僚制度随着王朝更替错杂纷纭。按吕思勉《中国制度史》,古代官制分为五期:夏商周为列国之制;秦始皇嬴政新创中央集权体制;两汉多沿袭秦制,又因其不宜于统一,东汉逐渐变迁,至隋唐整齐之;唐中叶后又有变化而宋因之;元以异族入主中土,其法制又有与前代不同处;明清多沿其旧,略有损益。

"普天之下,莫非王土。率土之滨,莫非王臣"。臣,原本就是仆役,君权对于政权几乎绝对的控制操纵是中国历史的一大真相。但中国是个讲人情的国家,人事对制度的影响更不可小觑,尤其是在君主专制政体下,君主人格对政治传统有决定性的影响。这就给本应稳定的政治格局添加了不少变数。晚清著名政治家、外交家郭嵩焘说过:"汉唐以来,虽号为君主,然权力实不足,不能不有所分寄。故西汉与宰相、外戚共天下;东汉与太监、名士共天下;唐与后妃、藩镇共天下;北宋与奸臣共天下,南宋与外国共天下;元与奸臣、番僧共天下;明与宰相、太监共天下;本朝则与胥吏共天下耳。"自夏启建国,原始氏族首领变为国君,其宰御仆役也摇身一变成为国家官吏。"丞"

按文字学即是副贰之意,所谓"相",也是副。如现在结婚时的傧相,就是新郎新娘的副。丞相是什么的副?他应该是君主的副官。丞相又叫宰相,先秦天子诸侯乃至一切公卿贵族的管家都称"宰"。古代社会最重祭祀,祭祀最重要的事是宰杀牺牲,以为献祭,这在当时是十分重要与光荣的责任和权力。无怪乎陈平为乡人分肉,感慨道:"使平得宰天下,亦如是肉矣?"主子掌了政权,宰相自然可以去称宰天下了。当秦汉统一,封建变为郡县,"化家为国",其他一切贵族家庭都倒下了,只剩下一个家变成国家,他的管家也就变成了国家的总管。

上古政治简易,伪古文《周官》称"唐、虞稽古,建官惟百",未必可信,但也反映了当时质拙的行政风貌,与后代的衙门气是迥然不同的。《礼记·曲礼下》说:"在官言官,在府言府,在库言库,在朝言朝。""官"本是策画文书之处,"府"是储藏宝货的地方,"库"是存放车马兵甲的地方,"朝"是君臣议政的场所。可见古代政简,

▲ 衙门大门

不需分司处理。"官"字古今意义也有很大不同,现在的官是政府或官僚之意,上古政出于朝,官只不过是档案馆、图书馆,与府库相同。随着国家机制的日渐完善,政事日繁,衙门越分越细,官吏越来越多,而各机关必有文书,所以用它作为名字。

另外还有天子三公、九卿、二十七大夫、八十一元士、二百四十三下士之说。三是多数,九为至高,也未必可信,却反映了行政机构日益壮大的趋势。传说舜帝改组政府,设立九卿:一、司空(工程部长),二、后稷(农业部长),三、司徒(国防部长),四、士(司法部长),五、共工(工矿部长),六、朕虞(水利部长),七、秩宗(祭祀部长),八、典乐(文艺部长),九、纳言(监察部长)。官僚和衙门至此开始膨胀,管理的方面越来越多,也越来越细。

鉴于地域广阔,舜把全国分为十二"方",也就是州(一说分八州,加王畿共九州,后多以九州代天下),最高行政长官称为"方伯",也就是"州长"。州下又设卒、连、属,对诸侯国进行宽泛的管理。两周制度多因于夏商,变化不大。

这个时代还有一个有趣的"衙门"——学校,殷商称庠,姬周称序。孔子以前学校都是"官办国营"的,响当当的事业单位,货真价实的衙门。不过它与现代意义上的学校功能有很大不同,一是养老,一是教乐。既是敬老院又是音乐学院,倒很是热闹。后来逐渐成为英国海德公园式的抒发己见、评判时政的论坛,以至于有人建议郑国相国子产查禁庠序,好在子产比周厉王高明得多,不毁乡校。

■ 秦汉时期的衙门初立

秦一统天下,去封建,设郡县,建立了迥异于前代的中央集权的政体,其官制对后世影响颇大。许多朝代官府衙门的设置都以此为圭臬。

嬴政于中央设立丞相、国尉、御史大夫三个宰相级的官职，三足鼎立，互相制衡。丞相本是副手，所以辅助皇帝对国家事务负总责。国尉管军事，御史大夫是副丞相，掌监察。这就是古代意义上的"三权分立"。不过，即使权高位重，他们仍然是皇帝遥控全局的指挥棒，不用则弃之如草芥，成为权力斗争牺牲品和替罪羊的更是屡见不鲜。为始皇出谋划策，创立这一史无前例政体的丞相李斯因为卷入继承权的纷争，最后被赵高诬陷灭口，腰斩于市，诛灭三族。临刑之际，李斯对他二儿子感叹："现在我想和你牵着黄狗在老家上蔡东门外追逐野兔，还可能吗？"

秦汉九卿的设置更可以看出古代衙门官员实在是君主"家天下"统治的门下仆役走狗。例如，奉常，后代又称太常、太常卿，主管宗庙祭祀礼仪。这个"常"字本当作"尝"，是掌管祭祀祖先鬼神的。古代家庭，最重要的不是活人而是死人，祭祖祝福是头等大事，在鲁迅先生的小说《祝福》中我们还可以看出它的隆重庄严，所以管祭祀的奉常位居九卿之首。

其次是郎中令，后世又称光禄勋、光禄卿，是宫廷禁卫官的司令。勋与阍古音相同，禄与麓同音，应该都是同音相借。所以勋就是皇帝的门房。光是大之义，光禄就是大麓。古代皇帝多靠山筑都城，秦帝国的家，门房便设在山麓。好像《水浒传》里，宋江等人在梁山安营扎寨，朱贵在山脚开酒店，通报消息一样。

卫尉，又称执金吾、卫尉卿，是武职，掌门卫屯兵，是皇宫的保安司令。

太仆，又称太仆卿，是皇帝的车夫，《论语》："子适卫，冉有仆"，仆就是赶车的，因而他掌管交通。

廷尉，又称廷尉卿，大理卿，犯了皇帝的法，都归他管。

典客，后代又称大鸿胪、鸿胪卿，相当于现在的外交部礼宾司，管对外交际和接待。

宗正，又名宗正卿，管理皇帝的家族及同姓本家和异姓亲戚。

以上七卿，按照名义，管的都是皇家私事，而非政府公务，但"化家为国"后，这些职官有了新的使命，开始管理国家事务。由于古代学术都在宗庙——宗教和教育最初是不分家的，这点中外是一致的，所以奉常开始兼管教育。廷尉变成了司法部长，大鸿胪成了外交部长。

此外，还有两卿，就是治粟内史（又称大农令、大司农、司农卿）和少府。治粟内史管理政府经济，少府管皇室经济，从法理上，皇室不能用治粟内史的钱。

从秦汉三公九卿等中央机构的设置我们不难看出各级衙门对皇权的附庸性。

古代的地方政制实在是中央政体的缩小版。秦朝实行地方郡县制，始皇把全国分为三十六郡，郡下设县。西汉沿袭，又杂以王国。吴楚七国之乱以后，中央派相处理王国行政，又接受主父偃的建议，实行"推恩令"，王国疆域、势力不断萎缩，实际上和郡县没有什么差别了。

秦代郡的行政长官是郡守，汉代改称太守，兼领军事，所以又有郡将之称。郡守和国相都是二千石的俸禄，因而汉代往往用二千石作为"郡国守相"的代称。汉文帝时，石奋与四个儿子都官至二千石，被誉为"万石君"。郡里辅助郡守掌军事的是尉，辅助郡守民政的是丞，还有掌监察的监御史。另外，在京师设立京兆尹、左冯翊、右扶风三种官职，称为"三辅"，地位相当于郡太守。

秦汉万户以上的县，长官称令；不及万户的，长官称长。县丞主理县政，县尉执掌治安。应该说当时他们的品位不高，但权势还是很大的，魏、蜀、吴三国的缔造者都是县尉、县丞出身。孙坚做过盐渎、盱眙、下邳县丞。曹操的干爷爷是内宫宦官,所以很快做了洛阳北部尉,由于洛阳是京县,因而有四个县尉,曹操分管北部的治安。《曹瞒传》记载曹操"初入尉廨,缮治四门。造五色棒,悬门左右各十余枚,有犯禁者,不避豪强,皆棒杀之"。权臣蹇硕的叔父只因犯了宵禁,就被活活打死,可见当时"现管"的权威之大。

县下面是乡,有游徼、三老,大乡设有秩,小乡设啬夫。乡下为亭,设亭长。亭下有里,里有里正。三老、亭长、里正之类多是民间推选,往往责大于权,尤其末世,捐税繁杂,时人多苦之,多举权富大户或忠厚木讷如《聊斋志异·促织》中成名者,里正以此破家亡身者比比皆是。更有市井无赖借此巧立名目,鱼肉乡里。刘邦即是此等货色——举债不还,大话欺人。刘邦的丞相萧何就是沛县的县尉,另一名曹参则是本县的衙役,地位都是很低微的,刘邦的连襟樊哙更是个杀狗的。项羽豪气盖世却打不过地痞无赖,所以后人阮籍登楚汉古战场刹那感叹:世无英雄,遂使竖子成名。又有一对联说得更有趣:英雄半从屠狗辈,负心尽是读书人。

正因为西汉开国功臣大多出身低微,所以颇知民间疾苦,在政令制定和管理上也多能眷顾。汉初休养生息,推重黄老之学,"萧规曹随",国力有了很大提高,与此也有相当大的关系。上层出身低贱,

▲ 刘邦像

只好宣扬"英雄不问出处",两汉宰相由郡国小吏逐步升迁的比比皆是。这不能不说是一种进步。

但低贱者未必智慧,相反无知者往往无畏、狂妄,刘邦当了皇帝之后,他的那些大臣将军尤其是当初一起起兵的朋友,在皇宫里就像过去在刘邦家里一样胡闹,大吃大喝,喝醉了放声高歌,还拔出刀剑砍柱子助兴,有时难免会揭起刘邦往昔偷鸡摸狗、借债不还的龌龊老底。好在刘邦还有些容人之量,没有像陈涉一样把当年相约"苟富贵,勿相忘"的兄弟杀了灭口遮羞。

打下天下,论功行赏,这些老兄上朝时摆龙门、议军功,争吵起来几乎群殴,自然久议不决,下朝后坐在沙地里小孩过家家似的接着比试吵闹,比孙悟空的花果山都不如。于是儒家的机会来了,叔孙通博士从孔子故里曲阜请了三十多位专家,连同自己的一百多门徒共同拟订规章,加以练习。一个月后,再集合大臣将军们演习。等到长乐宫建成,群臣朝贺,正式上演这套叫做"朝仪"的团体操:文官武将在宫廷官员引导之下,按次序入殿,分为两班,在两厢坐下,禁卫军官在他们身后站好,然后一连串官员从远而近传报"皇帝驾到"。刘邦坐着特制的人拉的辇车,缓缓出现。然后群臣按照官职大小的顺序,一一念出早已熟烂于心的贺词。大臣们在整个仪式中不能挺直脊梁,端正平视,而必须趴在地上,向前伏身,撅着屁股,仰头上望。叔孙通正是用这种姿势昭示君王的伟大和臣下的卑贱。

从此,前代君臣面面坐立,促膝而谈,亦师亦友的局面成为绝响。皇帝不仅跟人民,就是跟最尊贵亲密的大臣,也被"朝仪"隔开了一段距离,只能"伏维""惶恐"了。汉文帝可算是个不错的皇帝,能够和他的大臣促膝长谈直到半夜,只不过"可怜夜半虚前席,不问苍生问鬼神",聊的都是闲篇儿。上行则下效。上有"朝仪",下有"官仪",

小民见了官老爷照例也是要伏身叩首的。君权对政权的藐视，政权对民权的凌辱，可以说是中国几千年政治的大传统。至于亚瑟王式的"圆桌会议"和相对平等、讲求契约的君臣、官民关系，在中国简直不可思议。这就是东方式专制与西方君主专制的大分野。

历史课上列举中国古代伟大的君主往往就是"秦皇汉武""唐宗宋祖"。说他们伟大，一是他们确有伟大的功绩，再者就是还有"伟大"的过失。这些独裁者运用其不受制约的权杖雷厉风行，"朕即国家"的观念深入他们的脑髓，行事完全依靠个人好恶。

■ 隋唐时期的衙门权争

"家天下"的伦理基础和君主威严的制度化使得君权在与以丞相为代表的政权的博弈中时时处于上风。

君权无节制的外化只会出现两种结果：君主能力强时，政治的重心由外朝转向内宫，汉武是代表；君主无能时，外戚和宦官轮番上台，最终外公篡夺外孙的皇位，或者岳父夺取女婿的宝座改朝换代。

到了隋唐时期，魏晋以来尚书、中书、门下掌政事的管理制度被继承，建立了以三省六部为主体结构的中央官职。尚书省、中书省、门下省的长官都是宰相，但分工职责又各不同。尚书省主要负责处理行政事务，中书省掌管策令的起草和颁布，门下省掌封驳，即审议策令的制定和颁布。因而隋唐的宰相是委员制的，中书、门下二省的首长和加有"参知政事""同平章事""同中书门下三品"称号的大臣都是宰相。所以宰相总在三人以上，以其名望最高者为首相，不过并没有首相的名义，只依靠大家的默认运用其影响力而没有明确的法定权力。

唐玄宗开元年间曾一度改尚书左、右仆射为左、右丞相；天宝元年又改侍中为左丞相，中书令为右丞相，尚书左、右丞复为左、右仆射。遇下诏敕，先由门下省和中书省举行联席会议，会议场所称为"政事堂"。若尚书省长官不出席政事堂会议，就事先不获与闻命令决夺。唐代凡属皇帝命令，在敕字之下，须加盖"中书门下之印"，也就是需政事堂会议正式通过，然后再送尚书省执行。尚书省成了个名副其实的行政院，只管行政，不管出命。所以在当时人眼中中书、门下才是真宰相，也是有一定道理的。

当然这看似制衡稳定的政治规则还存在着一大漏洞，那就是皇帝不可以不经中书门下而径直颁布诏书。这样做是不合法的，因为皇权和政权从法理上该是两个独立的概念。而皇权又是至高无上的，二者难免发生龃龉。武则天的儿子中宗李显也是个孱头，曾不经过两省而下手敕封拜官职，但心里也还是难为情，装置诏敕的封袋，不敢照常式封发，而改为斜封；所书"敕"字，也不敢用朱笔，而改用墨笔，当时称为"斜封墨敕"。不过还是有些硬骨头跳出来，维护法治的可怜尊严，吏部员外郎李朝隐拒绝执行这种墨敕任命，"前后执破一千四百余人，怨谤纷然，朝隐一无所顾"。这次他比较幸运，没有丢掉脑壳。

国家的一切最高政令一经政事堂决定，便送尚书省执行。由于唐太宗李世民没当皇帝之前做过他父亲的尚书令，所以等他杀掉兄弟上台后，朝臣没有敢再当尚书令之职的了，仅有两个副长官，即尚书左仆射和右仆射。尚书左右仆射如果被授予兼有如"同中书门下平章事"或者"参知政事"等名，就可以出席政事堂会议，成为真宰相。唐初尚书仆射是正宰相，多兼中书门下之职，午前决朝政，午后决省事。

最早获此荣誉的是卫国公李靖。李靖少时有"文武才略"。其舅韩擒虎为隋朝名将，常与他讨论兵法，曾称赞说："可与我讨论孙吴兵法的人，只有李靖一人了。"隋炀帝末年，李靖出任马邑郡丞。公元617年，李渊父子起兵反隋，李靖在长安捕杀李氏亲族，后来李渊攻克长安，李靖被俘，李渊要杀他。临刑千钧一发之际，李靖大呼："您起兵为天下除暴乱，欲成大事，怎能因私怨杀壮士？"他最终获免，为李唐王朝东征西战，南平萧铣，北灭东突厥，生俘其首领颉利可汗，西破吐谷浑，尽收其地。李世民称其武功"古今所未有"。但在攻灭吐谷浑时，岷州都督高甑生因为失期不致被李靖责罚怀恨在心，诬告李靖谋反。李世民很了解李靖，也当然不会相信李靖会有谋反之心。但是，既然有人上告，李世民顺水推舟，令有关部门调查此事，并传讯李靖。调查结果当然证明李靖是清白的。结果高甑生偷鸡不成反蚀把米，自己差点丢了性命，被罚充军边地。有人给他在太宗面前求情，说高甑生是当年秦王府的功臣，应该宽免他的罪过。这时李世民就展现出他驾驭臣下的权谋，他说，如果饶恕高甑生，法律如何实施？何况国家的功臣多了，倘若高甑生获免，那么人人都犯法，又怎么去禁止呢？我对于过去的患难兄弟是不敢忘记的，但正因为这样才不能赦免他。明是处罚高甑生，暗里却是敲山震虎，给权贵功臣一个警示。像李靖这样功高盖主，想不让皇帝猜忌都难。于是李靖很知趣地闭门谢客，即使是亲戚也不随便见，最终皆大欢喜，君臣相安无事，李靖虽然在君臣博弈中明显处于不利地位，恭敬谨慎也算得以寿终，还留下了与红拂女的美丽传说。

也不是所有的将相都在这场博弈里处于下风，英公徐世绩就是这为数不多的异类。此公可谓隋唐两代的传奇人物，《隋唐演义》里神机妙算的军师徐茂公就是以他为原型。因为功劳大，赐姓李，后来因为避李世民的名讳，称李勣。他出身富豪家庭，乐善好施又性格暴烈，自称十二三为无赖贼，逢人便杀；十四五为难当贼，有所不快动辄杀人；十七八就成了"好"贼，冲锋陷阵时才杀人；等到二十岁做了大将，用兵救人于死。经过七八年杀人磨练，终于悟出其中的真谛，浪子回头，由杀人变成救人，从恶魔变成菩萨，最后成为一代名臣，形象也被雕画在凌烟阁之上，供后人景仰。当年李密火并翟让，徐世绩被砍中脖子，险些丢了性命，多亏好友单雄信等人求情才免于一死，李密砍了人家一刀，也亲自到帐中为他敷药，好让他为自己卖命。后来徐世绩归顺李世民，单雄信投靠了王世充，兄弟两人成了两个战壕的敌人。王世充战败之后，单雄信等人投降却被李世民杀头，因为李世民有次轻骑侦察，被单雄信碰到，险些丢了小命，现在他终于可以一雪前耻了。可怜徐世绩为李家立下赫赫战功，却不能像当初单雄信救自己一样搭救兄弟，只能看着他死去。悲愤之际，切下大腿上的一片肉，喂给单雄信，算是今生的报答。

对于徐世绩这匹烈马，人主李世民自有他的打算。临死的时候对自己的儿子李治说："世绩才智有余，但你却对他没有什么恩德，我恐怕他心里不服。我现在把他贬黜，如果他立刻起程，等我死了，你就用他做丞相，好好信任他；如果他徘徊犹豫，你就马上杀了他免除后患。"爷俩盘算得很好，一个唱黑脸，一个扮红脸。于是太宗把他从宰相贬到大西南做个都督。李家父子玩弄权谋算计徐世绩，世绩被李密玩过一次了，这回

▲ 徐世绩

也不傻，受诏后没回家就直接去上任了。不久太宗驾崩，高宗上台，马上把徐世绩召回做了开府仪同三司、同中书门下三品。

高宗要立武氏为皇后，他舅舅长孙无忌和顾命大臣褚遂良坚决反对，李治犹豫不决，一天征求徐世绩的意见，世绩说："这是陛下的家事，何必问外人呢？"李治这才下定决心。应该说徐世绩这话还是不为过的，自古皇权和政权虽然纠缠不清，但皇帝让谁做自己的大老婆都要政府干预也实在与人情不符。高宗懦弱，武后渐渐掌权，大臣进谏反对，结果或贬或杀。最后无人再愿意以头试刀了，高宗耳根清净了，反倒有些奇怪，问徐世绩为什么没人上书进谏了。这时徐世绩幽默了一把，调侃了一下糊涂虫皇帝："那是因为皇上您圣明，事事得体，臣下没必要再提意见了。"无疑，他在这场君臣以家国生死为筹码的博弈中并未处于下风，还差点让李家皇朝输个倾家荡产。

另外，唐代尚书省是最大的政府行政机构，仿照周制分为六部，即吏部（掌人事）、户部（掌财政、户籍）、礼部（掌祭祀、教育）、兵部（掌国防）、刑部（掌司法）、工部（掌建设），以尚书为首长，侍郎为副手，每部下设四个司，以郎中、员外郎为长官。六部之外，中央司法、行政部门还有御史台、大理、宗正、太仆等九寺和国学、少府、将作、军器等五监。这一系列完善的官僚制度从隋唐延续至清末，推行了一千多年。

■ 毫无建树的两宋衙门

两宋是汉唐宋明清五个朝代里最羸弱的一个，政治制度除了它那套草台班子杂耍般的文官制度，大多沿袭隋唐体制，几乎毫无建树。

隋唐的相权已经比两汉低落得多，两宋的相权比唐代还要低落得多。宋代的开国皇帝赵匡胤和他弟弟赵光义鉴于唐和五代的军阀割据，通过"杯酒释兵权"等不流血的政变或者改革把军事指挥权从各级政府首脑的职权中剥离出来,在中央沿袭五代传下来的新机构枢密院掌管军事,与丞相对立。宋代也有三省,但门下尚书两省被撵出皇宫,远离皇帝就是远离权力中心,变得有名无权。只留了中书省在皇宫里面,单独取旨,和唐代一样称政事堂,成为事实上的中央政府决策机关。北宋正宰相都要加"同平章事"的名衔,名义上是同皇帝一起处理政务机要,副相加"参知政事"的头衔,那位"两字关情"的范仲淹就做过参知政事。政事堂与枢密院同称两府,也就是说二者地位是平等对立的,宰相再也管不着军事了。

宰相被褫夺了军权如同被阉割了的太监,不会有什么大的野心和作为,皇帝还是不放心,又把财权抓了过来。宋代新设立了户部司、盐铁司、度支司三司掌握全国财政,不归宰相管辖。这种分离对于皇权的巩固是极为有利的,但对于国家行政却是一大弊病。所以王安石变法首先成立了制置三司条理司,把三司重新组织统一起来。

军民财三权分立以后,宰相的权力大大地削弱了,皇帝还是心有余悸,又另设考课院,后来改名审官院,掌管文武官员的考试、任用。这样,用人之权也不归宰相辖下了,堂堂政府首脑实权几乎被剥离干净,差点就成光杆司令了。

不仅在权力上,就是在威仪上,两宋的宰相也猥琐了不少。古代讲"三公坐而论道",

▲ 北宋官印

唐代群臣朝见，宰相还有座位，皇帝还赐茶。等到了宋代，即使是宰相也得一块儿站着。

宋朝沿袭唐制，地方政府分三级。最高的一级称路，相当于唐代的道，最先分十五路，后来分成二十多路。中一级是府、州、军、监，相当于唐时的州府，比唐更加繁复芜杂。最低的一级仍是县。

唐后期、五代以来，地方行政长官几乎全是世袭的军人，宋太祖杯酒释兵权以后，武将们不再管辖地方事务，而是由国家在首都和各个大城市建造豪宅美园，提供丰厚的俸禄，声色犬马、歌舞升平，安居下来。中央政府保留他的名衔，另派别人处理地方事宜，这就叫知某县事、知某府事、知某州事，简称知县、知府、知州。他们和唐代的观察使一样是中央官员，暂时代管地方事务，是临时性的职务。秉承唐代的观察使制度，宋代设立监司官，每路设"帅、漕、宪、仓"四个监司官，分掌安抚、财赋、司法、救抚。这四个都不应是地方长官，而是中央派来监临指挥地方的。唐代的州县只需奉承一个上司——观察使，而宋代的确很倒霉，处理公务之余，还要应付四位大爷，"一仆多主"，自然苦不堪言，又如何用心关心黎民苍生？

官衙繁复，吏员冗杂、效率低下是两宋政体的一大弊端。如果说宋代各级政府是胡乱凑合起来的名不正、言不顺，穷于应付的草台班子，那么衙门里的谏官们绝对是这出戏里一响当当的丑角儿。

汉代御史大夫的副手御史中丞专门负责监察王室和宫廷，另一助手御史丞负责监察各级政府。后来御史退出皇宫，成立御史台，专门监察政府，剩下光禄勋手下的谏议大夫之类继续追随皇帝身边，专来谏诤和讽刺皇帝的言行。如杜甫就做过"拾遗"这样的谏官，"拾遗"就是东西掉了重新捡起来，皇帝遗忘了什么，他可以提醒。相类似的还有"补阙"，皇帝有了什么过失，要替他弥补。这些谏官唐代都属于门下省，属于丞相管辖。所以中国古代之检察官分台、谏两种，台即御史台，是天子的耳目，谏官则是丞相的喉舌。但到了宋代，谏官却从门下省分离出来，也就是说他们并不由宰相任命推举，而是由皇帝亲自擢用。这就变了味道，要知道，谏本义就是对皇帝提意见和建议。"拿人钱财，替人消灾"，于是谏官集团掉转矛头，由纠绳天子变为纠察甚至纠缠宰相。从这里我们也可以说宋代是我国古代第一个高度中央集权的朝代。

这些谏官官阶低，权柄小，不讲话不尽职，讲错了也不大要紧，最多免职。不过敢于作为少数派或者弱势群体向宰相或者政府要员挑战，总会博得人们同情，尤其是对于失败者，所以他的声望反而更高，往往会得到更多升迁机会，这就是中国衙门里独特的官场心理学。投资少，收益多，风险小，有名有利，何乐而不为？于是讽谏在一些人心里就变成了邀名获利的"终南捷径"，它的本意却倒在其次了。这种清议未必不好，但对于政府总是有掣肘，特别是变了成一些人谋身立命的工具以后，它就成了大危害。台官谏官都针对宰相和政府挑刺，一些有创意的新政策往往会受到他们的质疑和责难，乃至攻击，这也是范仲淹改革和王安石变法失败的重要原因。所以说宋代的宰相难做，既要对付皇帝，还要提防台谏，哪还施展得开？

■ 明清奴隶化的衙门制度

如果说两汉尤其是西汉的宰相无所不管，无所不统；隋唐的宰相权力有所分化、削弱；两宋相权进一步被皇权逼夺；明代则干脆废除了宰相这日益没落的官位，由皇帝亲自掌控政权，完成了皇权对政权最终彻底的侵占，皇帝也成为彻头彻尾的独裁者，中国历史也进入了最黑暗的绝对专制制度时期。

朱明政权最初建立时是有丞相的，那时的中华帝国在世界上也还是领先的，但朱元璋的独特人格随意把历史涂抹成另一种面貌。众所周知，在古代封建社会，皇帝的私心能够轻易改变其所统辖的政治制度及衙门风貌。明朝著名宰相胡惟庸受诬陷"谋反"被诛杀以后，朱元璋就趁此良机取缔了宰相职位，从此以后，六部缺失了领头人物，进而变成中央的一级机构，六部首长各不相属，又互相之间有所牵制。六部及其御史台合称为都察院七卿，七卿又和五个大都督府构成了明朝中央政权军政监察机关的大构架。

这样，国家一切大权都掌握在皇帝手里，朱元璋晚年每天平均要批阅一百五十多件奏章、裁决四百例各种案件，可以称得上日理万机了。中国历史上少有朱元璋这样勤勉吃苦的君王，更少见朱元璋子孙那样多的败家皇帝，懦弱、荒唐、贪财诸如此类，这真不知是历史的幽默还是历史的讽刺。太祖、成祖在诛灭任何潜在的颠覆政权的萌芽时，也扼杀了他们的子孙可以凭靠的参天大树。让一个未经世事磨练的少年或者青年拥有至高无上的地位和不受约束的权力是极端危险的，何况这些年轻皇帝的性格在百般溺爱、娇惯和逢迎中变得极其任性、狭隘而脆弱。

万历皇帝的老师张居正却是位难得的严师，对待十几岁的小皇帝就像私塾的先生对待淘气的学童一样严格，神宗皇帝甚至被罚站过数个时辰。有时小家伙淘气贪玩过了火，张老师只好请求自罚，孩子的家长李太后自然不肯，

▲ 朱元璋

这种情况往往会以小皇帝的贵臀挨几巴掌，哭丧着脸给师傅请罪结束。当然张居正还是为他的认真付出了代价，执政十一年后，张居正"适时"地死去了，这一年朱翊钧二十岁了，他立即采取了报复行动，宣布昔日老师的种种罪状，抄没家产，褫夺封号。死者长已矣，可怜张居正的家人，被地方官员派兵团团围困，竟然活活饿死了十几人。与张居正一起被打倒的还有他苦心营造的变法，国政作为私怨发泄的牺牲品抛弃一边。如果说政息人亡是中国历史的大悲剧，那么人亡政息的悲剧却更要深沉十倍。

　　没有了宰相，花花公子们还是要处理政务机要的，这次他们只好找内阁大学士和宦官们帮忙。学士渐渐演变成皇帝的私人顾问，后来成为一种荣誉称号，包拯就被封为龙图阁大学士。明代的皇帝大多不学无术，诏奏敕令只好委托自己的顾问秘书或者老师（明代不少皇帝的老师都加大学士的头衔）处理。

　　明代的大学士不过是五品的小官，由于是皇帝的私人顾问，就冠以某殿某阁字样，办公地点在华盖（又称中极）、建极、文华、武英四殿，文渊、东阁二阁办公，因而被称为"内阁大学士"。一开始还是"传旨代笔"，即皇帝口授，大学士照皇帝意见写出。后来日复一日的重复"劳动"损害了年轻皇帝们的好奇心，繁重的政务给他们带来的不是责任而是负担，这些自私的家伙就把这沉重难堪的负担与权力扔给了大学士们。大学士们对于每个奏折或案件用一张小签条签注意见和对策，贴附在公文上，送呈皇帝细阅裁决，这被称为"票拟"和"条旨"，待皇帝看过，把条子撕了，用朱笔批了，名为"批红"或"朱批"。有时，内阁大学士甚至还草拟皇帝颁发的诏书。当然不是每个内阁成员都有资格拟写"条旨"，必须由资格最高也就是最受皇帝信任的人（往往是华盖殿也就是中极殿大学士）动笔，就是"首相"。这样大学士成了没有中书省名义的中书省长官,没有宰相名义的宰相。由于权力渐大,后来大学士之职多由六部尚书兼任。

大学士虽然在内廷办公,却也不是可以随意与皇帝见面的,中间要靠宦官的沟通联系。于是负责伺候皇帝,在皇帝和宰相们之间跑腿的司礼太监就成了"无冕之王"。皇帝有事交付太监交给内阁去办,内阁有事同样也先送太监,再由太监送呈皇帝,如果某位宰相恰巧和这位太监有过节,那他就很有可能受些阳奉阴违的待遇了。这样,太监就渐渐弄了权(在这个被集体去势的王朝里,宦官们倒应该比其他人更有后天的优势,更能揣摩君主的心思)。有时皇帝偷懒,自己嫌麻烦,私下叫太监批。批红的实权落到太监手里,阉人们就掌握了政府最高的决定权,成为真的"皇帝"了。

其实朱元璋早在设立内阁的时候就已经意识到废了宰相之后,皇帝独裁,太监接近皇帝,太容易弄权,于是就在洪武十七年铸了一块"内臣不得干预朝政"的铁牌,挂在宫门里。不过有时,好运撞上头,你想推都推不掉。明武宗朱厚照即位时只有十五岁,正是贪玩的年龄。太监刘瑾在他专心游戏时请他批阅奏章,惹恼了小皇帝,说:"你不会代我批吗?不然,我要你干什么?"这真是"饱汉子不知饿汉子饥",一句话,太监干政有了法律依据。太监也是人,也会厌倦,有时太监也懒得批奏章了,就拿来当做包鱼包肉的废纸用,这在其他朝代是绝少见到的。

明代的统治者在阉割民众的个性与尊严,使之奴化和平庸的同时也阉割了他们的良知与荣辱,并且最终腐蚀了帝国的根基,使其轰然倒塌,这恐怕是朱元璋始料不及的。

在地方行政上,明代秉承了元代的行省制度。行省是行中书省的简称,是中央的宰相府分出一个机关驻扎地方,代行中央职权。明朝全国共划分为十五个行政区，由南、北直隶（即南京和北京）和十三个行省组成。省下是州和府，最基层的一级依旧是县。与前代不同的是一省设三司，布政使管行政，按察使管司法，都指挥使管军事，前两使有分出一些官吏去分管各州、府，叫做分司。这样无形中又多了一级行政机构，多出了许多衙门和大小官吏，明代的地方行政就变成了四级，比两宋尚且不如，遑论其他了。

清朝入关以后，基本继承了明代的官僚制度，只不过在中央转由军机处掌管最高行政权，地方上把明代临时性的总督固定化。军机处就是所谓的南书房，只是间很小的屋子。当初雍正为了保持军事机密，许多事情不经过内阁，径由南书房军机处发出，后来成为一种惯例。

军机大臣大多从内阁成员遴选，全都是满人，这就多了一些民族主义的东西。六部比较明代权力也缩小了不少，他们已经不能对下直接发命令，而是只能对皇帝上个条陈，提些建议罢了。行政命令由皇上以上谕的形式直接发给接收人，因而清代的皇帝比明代独裁又甚。

同时六部每部都设满汉尚书各一人，侍郎也是满汉相同，而且这些尚书、侍郎每个人都可以直接跟皇帝对话，这也削减了尚书的权力，增加了官员间的猜疑和争斗，使天平更加倾向于君主。而且在清前期，汉人宰相、尚书、侍郎见了满人的宰相、部长是要下跪的。会议时，满人昂首上座，汉人长跪一侧，有时忘记开恩，有些汉人宰相、大臣跪得太久，竟至摔倒在地。

中国人特别喜欢别人跪在自己脚下的奴才样，但偏有不买账的。1792年（乾隆五十七年），英国使者马戛尔尼来华，因为跪还是不跪的问题搞得乾隆帝好大的不高兴，通商、传教诸事也未予应允。不过半个世纪以后，列强们用另一种方式使天朝大国臣服于自己脚下，一个不同以往的时代到来了。

 拓展阅读

古代的城隍——民间的保护神

城隍在旧时的民间信仰中极为重要，不论是在国都，还是府、州、县邑，都有城隍庙，每逢清明节以及七月十五中元节，各城官民均要举行隆重仪式祭祀这位民间保护神——城隍神，以祈风调雨顺，五谷丰登，逢凶化吉。

明太祖朱元璋对于城隍庙的作用非常重视，除对城隍有六个封爵外，凡府城隍封公，州城隍为侯，县城隍为伯。继而按行政建制，凡府州县城隍神，同时按各级衙门的规模建造城隍庙，供奉木主，这样各地政府就有了"阴阳"两个衙门。洪武二十年（1387年）又建立京师城隍神，以监察民之善恶，以降福祸，后来又命令各级地方官员赴任时，都要拜谒城隍，向城隍神宣誓就职（誓词见《地方官是怎样到任、宣誓并就职的》），从而借助人们对城隍的信仰，来强化各级地方官的地位和行政权力，正是因为城隍神和各级衙门联系在一起，明清时期人们往往把它作为封建地方官吏的象征。

由于城隍在民间的普遍流行，道教也千方百计把城隍神纳入自己神的体系中，把它当作剪除邪恶、护国安邦、旱时降雨、涝时放晴、管理一方之水神。

城隍神各地并不统一，一般以有功于当地者奉为该地城隍，如文天祥为北京城隍神，周新为浙江杭州城隍神，等等。

第二节　古代衙门官员趣谈

在古代各大大小小的衙门中，与普通百姓关系最为密切的，就是那些地方上的府县、州县衙门。在百姓们看来，衙门就是国家权力的象征，衙门中的官员就是行使这些权力的代表。他们管理着地方上的一切事务，掌握着百姓的生杀大权。

■ 会"投胎"的世袭制官员

说到世袭制，人们往往会想到红楼梦里贾、王、史、薛"四大家族"。《红楼梦》中老色鬼贾赦、老道学贾政和玄贞观的"道士"贾敬，最值得夸耀的"王牌"就是"一门两公"：宁国公和荣国公。他们的祖上是一母同胞的两个兄弟，因为立下战功，都为当朝的皇帝所宠，封官加爵，地位显赫，称为国公，老大宁国公，老二荣国公。这两个尊号不仅给他们两兄弟带来荣华富贵，还泽及子孙。二人娶妻生子，延续血脉，子孙世代为官，渐渐发展成一个非常有影响力的大家

族，并与王、史、薛三大家族相互牵引通婚，"一损俱损，一荣俱荣"，组合为一个网罗一切的权力关系网。

从奴隶社会开始，《礼记·礼运》中写道："天下为家，各亲其亲，各子其子"，"大人世及以为礼"。从国君到各级官员，都是世袭的，"贵贱上下不移"。夏、商和西周都是如此。天子"封土建侯"，将象征爵位的土地赐予同姓和少数异姓诸侯，使他们在封地内模仿天子的礼仪建立各自的国家，并推而广之，构造出一个"金字塔"式的等级社会，而国家权力的分布则是倒"金字塔"型的。这种"世卿世禄制"的政权结构与以血缘、婚姻为基础的氏族宗法制度形成"一损俱损，一荣俱荣"的利害关系，具有极强的社会稳定性。因而父公子侯的世袭制官僚任用制度生命力极强，一直延续到近代。

秦汉之际，两个"金字塔"土崩瓦解，世袭制成了皇家的"专卖"。刘邦定下了"非刘氏不得封王"的规矩，他老婆吕雉在他死后想让自己娘家人也风光一把，大封吕氏为王，结果给自己的侄孙们惹来了灭门之灾。但即使是刘家子孙也未必是可靠的，七个王国的国君或者觊觎无上的皇权，或者只为保全自己的脑壳发动叛乱。虽然叛乱被很快扑灭，景帝和他的儿子武帝却不得不考虑如何削弱堂兄弟们的权杖。

主父偃的妙计"推恩令"无疑是绝佳的选择：诸侯王除以嫡长子继承王位外，其余诸子在原封国内封侯，新封侯国不再受王国管辖，直接由各郡来管理。于是"藩国始分，而子弟毕侯矣"，导致"大国不过十余城，小侯不过十余里"。猜疑终于随着权力的消失而减弱了。但特权总难免会带来不必要的希冀和猜忌，于是西汉的君主很明智地分一杯羹给他的臣下，推行"任子制"。汉代所谓"任子制"就是"吏二千石以上，视事满三年，得任同产若子一人为郎"，待他在皇帝面前服务几年，遇政府需要人，就在这里面挑选任用。

到了东汉，任子的范围进一步扩大，不是二千石的高级官吏（如校尉、尚书）也可以选送子弟为郎、舍人，而且也不要求任职三年以上。这与先秦的世卿世禄制相比，任子无论从范围和权限都不可同日而语，但作为晋身官场衙门的台阶也还是很重要的。如西汉著名的直臣汲黯，他的祖先有宠于古代卫国的国君，到他一共十代，世代做卿大夫，因为父亲的缘故，自己做了太子洗马。于是这官爵世袭的特权制度逐渐发展成绵延两千年的"门荫制度"——子孙们可以在先人的高大的背影下遮阳避雨，封官袭爵，安享荣华。俊秀如"谢家宝树"者更可借此便利大展身手，广扩门庭，进而由"门荫"演化为"门阀"，并出现了士族与庶族的分野。如东晋的谢、王、郗、陶、庾、桓几大家族，或轮流坐庄，或交构联合垄断操纵着权力机器；唐代的崔、裴、王、韩等家族集团，权力虽不比前代，但其家族影响力却是巨大而持续的，以至韩愈也要"扯大旗，做虎皮"，冒充昌黎韩氏。

门荫制度还有特殊的一类叫做"难荫"，父亲为皇帝效力丢了性命，皇帝自然要好好抚慰"烈士子弟"，加封官爵就是常例。东晋末期，士族已腐化到不能揽辔跨马的地步，更有从未见过马，听马嘶鸣，误以为虎，吓得屁滚尿流的。门阀已经成为国家肌体上沉重腐烂的赘瘤。制度内的东西总会产生制度外的影响，不是所有的官员都有世袭的特权，但"和尚动得，我动不得"的各种隐性变相世袭的"潜规则"在制度的触角外悄然运行着。官家的儿孙总是比"引车卖浆"者的孩子在各种社会竞争中占得先机，实为世间一大不公平。

官爵可以世袭，才能和忠诚却不能遗传。对于君王来说，最让他们担忧的并不是高门大户的集体无能，而在于他们对最高王权的觊觎。事实上，绝大多数的改朝换代都是由手握重权的大家族的首领完成的。王莽、曹丕、司马炎、杨坚、李渊、赵匡胤莫不如此。所以，皇帝们总要为这不合理的制度再制定制度，作为牵制。"世降一等"就是其中最有效的措施——上代是公爵，下一代就降为侯爵，第三代又降为伯爵，以此类推。专制社会，独裁者的政权和私心永远比小民的人权和公义重要。

■ 古代官员的"品级官职"

在我国古代的官职制度中，帝王往往会为了对手下官员的地位及功勋作出一定的奖励，不但会授予其一定的实职官衔，而且还授予其想适配的荣誉性虚衔，而我国的古代士人又尤其重视这些虚衔，官员在署名的时候，通常会将自己的实职官衔与帝王赠予自己的许多荣誉性虚衔全部罗列在姓名的前面，并将之视为一种无与伦比的荣耀。

下面主要介绍的是中国古代官员的各种品级官阶究竟从何而来。

1. 品

所谓品，主要是用来表达官员级别高低的一种显著标志，曹魏时的"九品中正"官僚选择制度就是其发源地。曹魏时期，主要把士人按照才能高低分别评定为九等，以备选用，统称为"九品"，后来，又把在职官员以尊卑的顺序也划分成九等。北魏时期，又进行了更为详细的划分标准，把每品分作正和从，四品之下的正和从，又分别为上和下，把最初九等拓展到三十等。官员品级的排列顺序为：正一品、从一品、正二品、从二品、正三品、从三品、正四品上、正四品下、从四品上、从四品下……正九品上、正九品下、从九品

▲ 古代官员上朝

上、从九品下。

这种等级区分一直延续到隋唐之后仍在沿用，直到清代末年才废除，只不过各个朝代之间还是存在着一定的差异罢了。

2. 阶

所谓阶，主要是指一种没有实际职责，并专门用来当做标明官员品级高下的一种荣誉称号。在我国封建官职制度中，所有品级都有一个与之相对应的称号相匹配，统称为"品阶"。例如：清代的文阶官正一品叫作光禄大夫，从一品叫作荣禄大夫，正二品叫作资政大夫，从二品叫作通奉大夫等。

品阶这样的用于称号发源于唐代，唐代以后的各代均有沿用，一直延续到清代末年才被废除，只是各个朝代的名称存在着较小的差异。古代士人对品阶称号极其重视，这从如今保存完好的泰山碑文中，其名款之前经常被冠以"某某大夫""某某郎"等品阶称号中能够看出。

3. 勋

所谓勋，同样是没有任何实际职权的荣誉称号，盛行于唐代。唐代时期，除了制定了一整套品阶名称以外，还利用过去的散官虚衔搞了一套专门为授予建有功勋的官僚的荣誉虚衔，称之为"勋"，受勋者叫作"勋官"。

北周时期，原本只是用勋奖励那些作战勇猛的战士，后来才逐渐推行于朝官。到了唐代初年才制定完成，统共划分为十二级，称作"十二转"。其名称顺序为：上柱国、柱国、上护军、护军、上轻车都尉、轻车都尉、上骑都尉、骑都尉、骁骑尉、飞骑尉、云骑尉、武骑尉。因为武骑尉最低，因此被称作为第一转，最高的上柱国叫作十二转。勋官十二转，等同于阶官的正二品到从七品。到了清代时期，勋官制度被废除，并将勋与爵合并为一。

4. 爵

所谓爵，就是指爵位，同样属于没有实际职责的荣誉虚衔。在所有表示官员地位高下的虚衔中，爵是最早产生的。

根据《礼记·王制》记载称："王者之制禄爵，公、侯、伯、子、男，凡五等。"郑注："禄，所受食；爵，秩次也。"由此可见，"爵"就等同于贵族官僚的等级。秦始皇赐封泰山上松树为"五大夫"，就相当于秦爵的第九级，是官爵当中的最低一级。汉代时期，爵位只保留了王、侯两级。魏晋南北朝时期，又再次启用了公、侯、伯、子、男五等爵位，并沿袭了汉代的县侯及亭侯等名称。隋唐时期，爵位划分为八个等级，与汉代一样，只有皇子才有封王的资格、异姓功臣最高只能封为公、侯、伯、子、男这五个爵位。授予爵位之后，物质待遇通常不会有所增加，只不过在爵位之后再加上"食实封若干户"，才能获得一定的经济收入。五代、宋、金、元时期的爵位基本沿袭了唐朝制度。

到了封建王朝的最后一个时期——清代，爵位一共剩下两大系统：一、皇族爵级，划分为十等；二、皇族以外的爵级，一共分为九等。

5. 公与孤

所谓公与孤，就是指"三公"和"三孤"，代表了我国古代最高级别的荣誉虚衔。

所谓"三公"，据有关资料称其发源于周代。当时的三公有两种，一是太师、太傅、太保，二是司马、司徒、司空。周代"三公"究竟是不是后代以来所称的"三公"还不得而知。"三公"这样的制度到了西汉时期才真正明确，当时主要以朝中执政"三巨头"：丞相、太尉、御史大夫或大司徒、大司马、大司空作为"三公"，而以太师、太傅、太保称作"三公"虚衔。在那以后，太师、太傅以及太保一直作为古代的最高荣誉虚衔，一直沿袭到明清时期。

所谓"三孤"，就是指少师和少傅及少保，并成为"三少"，汉代时期才创立。《通典》上说："孤，特也，言卑于公，尊于卿。"由此可知，"三孤"的地位是紧随"三公"之后的至高荣誉虚衔。

■ 破家知县，灭门知府

在古典小说《水浒传》中豹子头林冲持刀误闯白虎节堂，被高太尉下令解往开封府审讯一段故事里，是这样描写府尹（知府）的：

"绯罗缴壁，紫绶卓围。当头额挂朱红，四下帘垂斑竹。官僚守正，戒石上刻御制四行；令史谨严，漆牌中书低声二字。提辖官能掌机密，客帐司专管牌单。吏兵沉重，节级严威。执藤条祗候立阶前，持大杖离班分左右。户婚词讼，断时有似玉衡明；斗殴是非，判处恰如金镜照。虽然一郡宰臣官，果是四方民父母。直使囚从冰上立，尽教人向镜中行。说不尽许多威仪，似塑就一堂神道。"

这一段文字，写尽了知府的威严。

在古代大大小小的各种衙门中，与百姓关系最为密切的，就是负责管理地方事务的府（州）、县衙门。中国古代司法行政不分，地方衙门的长官集行政、民政与司法大权于一身。兹以上面提到的宋朝的地方衙门为例：据《宋史·职官志》记载，知府的职责，是负责一府的户口、赋役、教化以及属吏管理，主管地方司法。小事则专决，大事则禀奏；知州负责一州的财政、民政与司法事务；知县负责一县的民政治安，平决狱讼。概括地说，凡是地方事务，几乎都由衙门长官一手包办。也正因为如此，清朝人将知府称为"公祖"，将州县官称为"父母官"！

衙门长官的职责中与百姓关系最为密切的，大概要算是司法审判了。古代的司法审判事务，从调查、勘验、取证，直到审讯、判决，几乎全由地方衙门长官负责。不仅如此，衙门中的监狱，也是由衙门长官负责管理的。因此，用现代的名词来说，衙门长官结合了法官、检察官、警官、验尸官以及典狱官的职责于一身。具体来说，衙门长官的司法审判职责主要表现在以下几个方面：

第一，勘察检验。民事、刑事案件发生后，勘查现场、检验尸体等工作，必须在衙门长官（尤其是知县）的主持下进行。例如，当凶杀案件发生后，知县必须亲赴现场，指挥衙役进行现场勘查和取证、验尸等。

第二，缉捕人犯。当凶杀、盗窃等案件发生后，由衙门长官签发缉票（逮捕令），督派衙役缉捕人犯。

第三，羁押、监禁人犯。犯人被逮捕后，或民事案件当事人被传到后，是否羁押、监禁，都是由衙门长官作出决定的。

第四，审理案件。审理案件是衙门长官的主要职责。所有案件的审理，必须是由衙门长官负责的（关于这一点，将在后面具体介绍）。

第五，宣布、执行判决。对地方衙门长官判决案件的权力，各个朝代规定并不完全相同。汉代地方衙门长官权力较大，死刑案件可以直接判决并执行；宋朝州衙对流放以下案件（包括"刺配"案件）可以直接做出判决并执行，死刑案件须由中央司法机关核准；清代地方衙门权限相对较小，"徒"以上案件须报上司层层复审，但事实上，一则地方衙门的判决意见对案件的判决有直接的影响，二则死刑案件的执行，也大都仍由地方衙门行使。

由于地方衙门操一方百姓的生杀大权，因此，人们将地方衙门长官称为"破家县令，灭门知府"，又称"杀人的知州，灭门的知县"！

据《封氏闻见记》记载：唐朝有一个叫崔立的人，出任雒县县令。

县里有个姓陈的土豪在县衙中当县吏。虽说他是县令的部属，但由于历任县令都得过他的好处，所以都以平等礼节与他往来，从不把他当属下看待。崔立上任后，他自然按老规矩与崔立相见，可崔立见一个县吏居然敢和他平礼相见，不禁大怒，立即命衙役将他拖出去，当场乱棍打死。陈氏子弟得到这个消息后，大惊失色，几十人聚集在县衙前号啕大哭，要找崔立评理。崔立一见，干脆一不做二不休，派兵将他们围住，统统抓起来，全部处死，不曾走掉一个。

虽然封建法律对衙门长官的权力与职责都有比较明确的规定，尤其是自唐、宋以后，对衙门长官的司法权作了较多的限制，但这并不能抑制衙门长官的肆意专横，连那些号称为政清廉的"能吏"也不例外。北宋名臣张咏为崇阳知县时，见一个县吏从库房里出来，耳鬓旁的头巾上挂了一枚铜钱。张咏一问，原来这是库房里的钱，不禁大怒，下令对他杖责。县吏不服气，说："一枚铜钱有什么了不起，就算你能杖我，也不能杀我。"张咏一听，马上提笔写了一张判决书："一日一钱，千日一千，绳锯木断，水滴石穿。"写完后，亲自用剑砍下了县吏的头。

因为被顶了一句，就将县吏处死，由此可见衙门长官的生杀之权很大。他们杀起人来如此随意，处罚起人来更是随心所欲。尽管自宋初以来，就称县、州长官为"父母官"，但是，又有几人能称作是百姓的父母呢？

■ 走马赴任和身份证明

一个古代官员获得了任命，要去赴任了，那么他怎么证明身份呢？要知道，中国古代官员采取严格的回避制度，不得在本省或者有亲属的地区任职，没有旁人可以替他证明，那么新官来到一个不熟的地方，怎么证明自己就是新到任的父母官呢？

现代技术的发展，使得人事档案的传递、调阅非常简单，人们很容易确认官员身份。古代并不存在完备的人事档案，仅有的简单文件又都存储在京师，传递起来异常困难，验证起来也不确凿。所以，古代官员上任，主要凭借两样东西自我证明：一是委任状，一是身份证明，合称官凭。前者用来证明官职变更，后者用来证明自己就是那个新官（至于象征权力的官印，是新官到任后与原任官员交接获得的，并非新官随身携带，读者千万不要被山寨影视剧迷惑）。

这两件东西的具体名称历朝各有不同。委任状的名称有"敕牒""旨授"或"判补"等；身份证的名称有"告身""出身"或"官照"等。隋唐后，委任状由吏部颁发，官员上任手持一份，中央备案一份。一般是纸质或者帛质的，上面注明委任某人为某衙某官，具有时效性。身份证则由中央统一制作，通常在官员取得官员身份的时候（比如考中进士）授予，由官员自己保存，没有时效性。一些朝代的官员身份证死后也不收回，可以传给子孙作为纪念。在宋朝，官员身份证"告身"除抄录任命某人某品级官员的文件全文外，还要写明他的祖、父、己三代和籍贯、出身，最后，授予的长官及承办人员还要签名、盖印，程序复杂郑重。古代官员即便没有担任实职，也可以凭身份证享受相关的待遇。

因此，官员的身份证比委任状更重要。我们就来详细说说古代官员的身份证。它除了是享受待遇的凭证外，还可以凭此获得衍生收益。比如宋朝官员可以定期获得提升，即便退休了也能循例升迁。浙江缙

▲ 明代官员身份证：牙牌

云人汤举做了一辈子官，最后以从七品的承议郎退休回乡养病，在家逝世。其实汤举逝世前，朝廷刚好已经循例将他升为正七品的员外郎了，只是正式文件还没下来。由于宋朝官员升迁要换新告身，告身到手了，事情才算是板上钉钉，缙云县令王令洙提前知道了，忙通知汤家秘不发丧，赶紧花钱去京城先把老爷子的新告身办下来。汤家人忙派人进京花钱，不到一个月就把汤举的新告身办下来了，然后发丧。七品是一道槛，七品及以上的官员可以荫庇子弟免试当官。新告身让汤举的儿子汤思退可以荫袭入仕——虽然汤思退后来成了"奸邪误国"之臣。

为了防止伪造身份证，从五代开始，官员身份证明描述官员的岁数、相貌，比如"长身品紫棠（肤色），有髭须，大眼，面有若干痕"，或说"短小无髭，眼小，面无斑痕"之类。但是这样的描述毕竟比不上照片，且符合简单相貌描述的人可能很多。

到了晚清，拜大规模卖官鬻爵所赐，官员队伍大肆扩充。很多人都是拿着官照、没有实职的候补官。他们当中的很多人一辈子都得不到实职。逐渐地，官照恶化为可以买卖的商品。比如有人早期捐了官，把手持官照当做期货，一边享受官员待遇，一边伺机寻找合适价格将它售卖。又比如在《二十年目睹之怪现状》中就有一位名叫伊金庸的官员用官照作抵押向妓女借钱的描写："这'伊金庸'，便是我的名字；这'三十五岁'，便是我捐官那年的岁数；这'身中、面白、无须'，便是说我的相貌；这一颗紫花色的，便是户部的印。""凡我们做官的人，都是靠了这一张照做凭据，倘使没有这张照，你也说是官，我也说是官，有什么凭据呢？"其实，当官员身份可以被如此作践的时候，官照乃至官职本身都没有什么意义了。

此外，官员赴任是有时间限制的，过了一定期限还未到的官员，要受到行政处分甚至是撤职处分。清朝规定了赴任的具体天数，比如某新科进士出任江苏吴县（苏州）知县，必须在五十天内到任。如果他在赴任途中生病，需要有当地官府的证明，到任后需要逐级向上呈文备案直至吏部，不然都有相应的处分等着他。

新官赴任，旧官须派书吏、差役数人到边界处等候，向新官介绍基本情况并将其迎接到治所。但不许大搞排场，如果有官员、军、民等大肆迎接新官，而旧官不加查禁，则罚旧官半年俸禄。如果是新官授意安排或坦然接受迎接，则罚新官一年俸禄。但是在实践中，新官上任，各地无不大张旗鼓迎接，不仅有"头接"，还有"二接""三接"之说，新旧官员都泰然处之。有一个带有地域攻击性的词叫"怀砖之心"，说的是有一个山东人，他在袖子里藏块砖，在太守上任之初，给太守磕头时发出"嘭嘭"声，显得他很虔诚。等太守离任时，他又在袖子里藏了块砖——想砸旧官一个痛快！如此势利的怀砖之心，我们还是不要有为好。

■ 有人脉，才有"官运"

中国社会讲究关系，衙门之中尤其如此。关系似乎是衙门行政的润滑剂，没有关系时，事情办起来总是磕磕绊绊的，托了关系后，事情办起来顺风顺水。古代政治体制可视为由关系远近所决定的权力行使和利益分配体系。衙门中人的实际权力和收益就决定于层层叠叠的关系网络之中，他们需要通过拉关系来拓展自己的实际权力。

不管官场中人多么不喜欢拉关系，但他们首先要在一个现实的平台上实践抱负、追逐梦想。比如古代一个读书人想安邦治国，那他首先要不断提升政治地位，才有可能在一个合适的平台上实现理想。拉关系在其中必不可少。

历朝历代拉关系首选的对象就是权贵。中国历史上，通向权贵宅邸的道路上总是挤满了络绎不绝的拜谒者。为了提高拜谒的效率，拜谒者往往马不停蹄地一日奔走数家，多线投资。清朝和珅当国时，官员对和府趋之若鹜，和珅回到家里，早有官员夹阶立伺，唯恐落于他人之后。百姓们将和府所在的胡同称为"补子胡同"，因为满眼望去都是官服上的补子。

对于算不上权贵的一般官员，官场中人也不敢怠慢，要时常保持着联络，以便他日之需。清人有一首咏官场新年拜客诗："争门投刺（名帖、名片）乱如烟，辘辘冲风亦可怜。触眼但逢骑马客，纵怀须待听莺天。"描述的就是逢年过节，北京城里官员奔走如织、车马如云的状况。为了节约时间多见人，很多人都是只投帖而不见主人，届时只在门房簿子上登个名字就走了，时称"望门投刺"，轿子在门口一晃而过。更多的人连轿子都懒得坐，派个随从坐在轿子里代替自己到处投帖，所谓"帖到人不到"。元旦那一天，北京四九城中名片乱飞，空车四出，这种投帖拜客的方式称为"飞帖"或"飞片"。正常人应该都觉得此现象不对，但已然成为拉关系的社会风气，奈何它不得了。

至于拉关系的具体做法，根据由头不同来分类，有以下几种：

▲ 古代官员宴饮图

第一，拿着自己的文章诗词或者政策建议直接上门，用真才实学去征服对方，求得对方的夸奖和推荐。这是最直接、最原始也是最干净的方法。当年王维、白居易，就是凭借自己的诗词征服长安，得到强有力的荐举的。唐宋时期，荐举盛行，可以为进入仕途和升官提供重要砝码，这种拉关系的方法也最盛行。

第二，利用各种人际关系，主动接近拉关系的对象，希望得到后者的赏识、提拔或帮助。这里的人际关系包括籍贯、师承、血缘、亲属、家世等等。

中国人很讲交情，如果一个人能和有权有势者拉上确切的关系，就能产生切实的好处。比如官宦子弟往往能依仗父辈的官爵和威名轻易拉上关系。北宋曾巩就说："京师多尊官要人，能引重后辈。公卿家子有宾客亲党之助，略识文书章句，辄出与寒士较重轻，由此名称多归之，而主升绌者，因得与大位。"对于坐拥显赫家庭背景的官宦子弟而言，在编织自己人际关系网络方面也能捷足先登。同样，如果一个人有过硬的人际关系却不去使用，就会被人看作"匪夷所思"。北宋的吴孝宗是江西抚州人，和王安石、曾巩等高官显贵、大文豪是同乡。吴孝宗本人才识过人，写得一手好文章，却不为人所知，生活落魄。后来不知是实在过不下去了还是"灵光闪现"，吴孝宗也来到开封拉关系。他拜谒欧阳修，恭敬地献上了十余篇自己的文章。欧阳修读后大为赞赏，再看了吴孝宗的籍贯，十分疑惑地问他："你写得一手好文章，怎么我一直不知道呢？况且你的同乡王安石、曾巩，也从没提及过你，怎么回事呢？"因为之前吴孝宗从没求见过王、曾二人。欧阳修对吴孝宗的情况颇感意外，很怜惜他的遭遇，马上写诗相赠。在诗中，欧阳修将吴孝宗与曾巩相提并论："自我得曾子（曾巩是欧阳修的学生），于兹二十年。今又得吴生，既得喜且欢。"吴孝宗暴得大名，之后顺利进入官场。

明清时期的官吏相见，往往没谈几句就因为"情深义重"而结拜为兄弟，俗称"拜把子"。这可好，两个原本没有任何亲缘关系的人，一下子就成了兄弟了。结拜的双方要互换一份帖子（称为盟帖、宪帖、兰谱等），写明各自的姓名、籍贯、生辰八字和家庭主要成员的姓名、官爵、职业等，并写明"因交情日笃，友谊深厚，愿结拜为异姓兄弟"云云，最后在落款处签名盖章或按手印，注明日期。换帖后，双方就成为把兄弟了。为了拉关系、相援引，清朝官吏热衷拜把子。清朝讽刺小说《歧路灯》提到当时官场上拜把子之风的盛行："如今世上结拜的朋友，官场上不过是势力上讲究，民间不过在酒肉上取齐。若是正经朋友，早已就不换帖了。"官场这种纯粹功利的结拜完全败坏了拜把子的名声。人们一听到谁和谁是把兄弟，就联想到两人是相互利用的酒肉朋友了，以至于真正情深义重的朋友，都不屑于换帖结拜了。

第三，除了拜把子、拜门，明清官场惯用的另一招是"拜干亲"。

拜干亲包括钻营者拜要攀附的权贵为干爹，自为干儿；或者让妻妾、儿女拜要攀附的权贵为干爹；或者自己和家人拜权贵之妻、母为干娘。他们所拜的权贵不仅有朝廷权贵，还有权势显赫的太监。比如魏忠贤得势的时候，干儿、干孙就遍布天下。有厚颜无耻者因为自己年纪比魏忠贤大，不方便拜魏忠贤为干爹，就让幼子拜魏忠贤为干爷爷，间接实现给魏忠贤当干儿子的"愿望"。

当然，这种建立在相互利用之上的关系是极不牢靠的。一旦拉关系双方的地位、权势发生重大变化，牵拉起来的关系就土崩瓦解了。比如，把兄弟如果调到同个衙门做了上下级，下属要主动送还当年的拜帖，表示二人兄弟关系结束。大家对拜把子的往事绝口不提。更甚者，下属在还帖的同时送上一份门生的帖子或者儿子的帖子，那么原来的兄弟就变成师生或父子了。至于原来的干爹长期不进步或者退步了，而原来的干儿、干孙在仕途上突飞猛进，前者说不定要改拜在后者门下，原来的父子、祖孙关系就完全颠倒过来了。

如果觉得寻找各种关系太复杂，那么衙门中人都有一个共同的亲友可以用：孔方兄。这个孔方兄可是相当给力。清末，沈幼岚想抱住庆亲王奕劻这棵大树以便升迁，但屡次求见皆被拒。同乡某御史就对他说："奕劻之门不难进，但必须花费巨款方可。"沈幼岚大悟，拿着两万两银票送给庆王府的看门人，说："这是小意思，请王爷买些果品。"看门人进入报告，奕劻竟然亲自出来迎接，沈幼岚又喜又惊。告辞后，奕劻又亲自送出门外。沈幼岚出来对人说："金钱的魔力竟然如此巨大！"

以上几种拉关系之法，是古代官吏灵活运用的基本方式，可以单独用也可以混着用，可以直接用也可以引申开来用。由此攀附上权贵，有了靠山之后，个人便可获得额外的衍生权力，在官场多一分资本了。

■ 下场凄惨的"不合群"官吏

光绪中叶，山东人尹琳基担任翰林编修多年都得不到外任，牢骚满腹，郁郁寡欢，纵酒消愁。一喝酒就容易出事，尹琳基常常喝醉，一醉就谩骂同座的宾客。因此，他和同乡、侍御史郑溥元发生了龃龉。郑溥元就抖落出尹琳基的私事弹劾他。这事一时间闹得沸沸扬扬的，官场舆论基本上谴责郑溥元，认为他心胸不开阔，因为一点不愉快就和同乡死掐。不久圣旨下来，尹、郑二人都被勒令退休。

按照清朝官场的逻辑，在这个案例中，尹、郑二人都犯了"不合群"的毛病。翰林院里积压的得不到外任的官员多了，怎么没见其他人借酒浇愁，只有你尹琳基酗酒呢？你酗酒就酗酒，为什么还要骂人呢？这是不合群、伤和气的表现。郑溥元也是，因为酒场上的龃龉就弹劾官员，是不注意团结的表现。所以，两个人都"不合群"，"不适合"继续担任官职了。

每一个政治体制都会形成相应的行政作风、官僚氛围和思想观念，都有一套由有形或无形的规矩组成的、公认的"群文化"。合群，就是衙门中人要融入群文化中去，与整个环境合拍。一个希望在某个政治体制中生存和发展的官员，必须是这套体制的拥护者和践行者，必须在日常言行中做到合拍。反之，不合群的官吏很难在政治体制中发展、升迁，甚至可能被这套体制"清除出局"。在开头的例子中，爱发牢骚的尹琳基最终被"请"出了官僚队伍，因小事乱弹劾的郑溥元也被办理了退休手续。之前谈到合群的话题，但它说得更多的是不要主动去挑战体制、招惹是非，而这里的"合群"进一步要求衙门中人将体制的要求内化为内心的要求，在日常言行中时刻和群体保持一致。这是更高的要求。

如果群文化是健康的、正确的、阳光透明的，那么衙门中人尊崇它，心安理得，天经地义。但是，官僚体制在发展过程中会产生独立的逻辑，独立发展下去。因此，"群文化"很可能背离制度设立的初衷，或者与道德规范和人的正常心理不一致——这在现实中经常发生。即便如此，衙门中人也要适应、遵从这套错误的文化，让自己合群。这就类似同流合污，最后的结果只能是劣币淘汰良币，庸者上、昏者留，而贤能之士遭到清除、打击和埋没。清朝桐城人汪志伊从县令做到福建巡抚，以廉洁著称于世。这在晚清确属难能可贵。他曾经进京谒见皇帝，一路上只乘了一辆破车，车上装着被褥等家伙什，只带了两个普通佣人随行。汪志伊沿途经过数

▲ 古代外交使节

十座繁华都市，人们都不知道有封疆大吏过境。沿途的官员事后得知，都诧异不已。官场上总得有应酬之举，汪志伊也不能免俗。不过他小气到请客的时候只用两道菜招待同僚，不要说吃好，就是吃饱都有问题。饭桌上，汪志伊大谈特谈宋明理学，宣讲节欲修身之道。客人们因为汪志伊的身份，不敢当面发作，可回去后"人争目为怪物"。不用说，汪志伊是个不合群的另类高官。他的结局怎么样呢？汪巡抚和闽浙总督"情性不适"，不得不办理了"病退"手续（原文为"引疾去"）。在普遍昏暗、没人修身养性的晚清官场，汪志伊只能被清理出去，就像人们清理一粒眼中沙一样。

中国的官场尤其看重合群，混的是一个"一团和气"。一个合群的人才能为中国官场接受，进入各个次生的圈子，进而如鱼得水。反之，不合群的人很快会被边缘化、孤立最后消失。这可能与中国人讲究中庸调和的思想观念，与各种关系网络盛行的社会环境有关。

这样的例子很多，比如晚清刘长佑官至云贵总督，多次请求退休，都得不到允许。两宫太后和小皇帝对他的工作是肯定的，对他多次慰劳。突然一天，圣旨下来了，刘长佑"降二级、另候简用"。这是怎么回事呢？原来刘长佑虽然当官处世各方面都很正常，却在一点上不合群。晚清官员纷纷贿赂后宫太监，刘长佑却没有这么做，"于内廷绝无馈赠"，导致太监们对刘长佑很不满意。当时封疆大吏有赏宫保衔、穿黄马褂、紫禁城骑马等等特殊优待，刘长佑却什么都没有得到。其实，太监们当时已经在给他敲警钟，让他"改邪归正"了。无奈，刘长佑还是我行我素，还自称"白身督抚"，表示自己廉洁自律、不结党营私。于是，太监们都不在宫廷说刘长佑的好话，最后抓住云南报销事件猛说他的坏话，硬是把他给扳倒了。

合群有许多具体的表现。比如不能得罪人。除非是官场另类和边缘人物,衙门中人得罪了也就得罪了,但一般情况下不要轻易得罪人。因为你不知道此人身后的各种网络,不知道涉及事件背后的水深水浅。

■ 衙门中人必懂的"规矩"

官场有官场的制度,做官有做官的规矩。衙门中人,如做官、为吏、游幕、当随从等,角色不同,规矩不同。如一品和九品官阶不同,新晋县官和资深同僚资历不同,部委郎中和地方道府环境不同,规矩也不同。这里面的学问可大了。清代官场就流行不少讲做官规矩的书,如《宦海指南》《官场必读》《牧令须知》《长随论》等等,跟后世的考试用书一样畅销。

从根子上说,古代官吏在职场主要遵循两条大的原则:一是唯上,二是圆滑。

唯上是首要原则。这是因为官员之间的关系不平等。虽说上下级官员都是朝廷命官,所有官员的任命、升转在理论上都是皇上的事情,由皇帝说了算,然而在实践中上司对下属有考评、申斥、荐举或弹劾大权,几乎能决定下属的命运——钦差大臣和在特殊时期的上司还真的就有"先斩后奏"的大权;所有的班子成员(比如省级班子的巡抚、布政使、按察使、提督等)在理论上都是伙伴,一把手和其他成员在道德上是兄长和弟弟们的关系,在实践中一把手说了算,和其他成员的关系类似于老子和儿子的关系。比如在清朝,地方长官热衷于参劾属下官员,借此整肃异己。官员周栻为此上奏说:"下属官员最初并无劣迹,但是其中质朴无华的人,不讨上司的欢心,往往就遭到了上司的弹劾。建议以后遇到上司参劾下属,允许被参劾的人进京觐见。到时,他是贤明还是昏庸,自然难逃陛下的洞鉴。这样可使高官专擅的习气为之稍减。"可见当时高官"专擅"已成风气,在这股风气下,低级官员的行为受到了极大限制。不过周枑建议的方法不具备可行性，不可能让皇帝亲自裁决每一桩弹劾事件。所以，高官专擅的风气一旦形成只能越来越重。下属只能唯上司马首是瞻。

《明夷待访录》谈到在不正常的上下级关系中，下级是如何办事的：廉能之吏想兴利除弊、教化百姓，但是知府意见不同，上司威严可畏，没有上司的支持，下级的任何计划都实现不了。所以会做官的人，无不精于"阳避处分""阴济奸贪"，或者一事不为，或者无恶不作，只要能博得上司的欢心，就"天变不足畏，人言不足恤，君恩不足念，民怨不足忧"。最后，上司还推荐他是"干员"，同僚认为他是"能吏"，只有普通百姓受他鱼肉，虽痛心疾首却无可奈何。这就是"唯上"原则的现实表现。

在工作中，下级时刻用上司的标准来对照自身的言行，不敢越雷池一步，也没有创造性和主动精神。对于不得不处理的日常公务，下级严格按照上司的指示办。上司让做什么、如何做，下级绝对没有"个人意见"，唯命是从，照猫画虎。如果上司没有明确的意见，下级就从上司的各种讲话、文件中挖掘"办事精神"，或者一切按照制度来做，呆板机械地走行政程序（让不确定因素消磨在冗长的程序中，或者通过走程序来揣摩上司的意思）。但是上司的指示或者讲话精神往往是原则性的，难以操作，下级不免战战兢兢，怕执行"走样"惹领导不高兴，于是就大搞形式主义，在表面上轰轰烈烈，不管是不是真正按照上级指示做，也不管能不能落实到行动上，口头上都喊得震天响，而且要加上各种坚定的、强硬的修饰词。在行动上，下级不论做什么，做得怎么样，都必须让上司看到，知道自己在贯彻落实他的指示；汇报的时候要讲得头头是道，充分发挥想象力，尽可能突出自己的辛苦和努力，夸大成绩，有一分成绩要说成十分。对于上司交办但有困难的事务，下级就多"调查""研究"，多谈上级思想的"新思路""新发展"，能拖就拖，拖到上司忘记或者淡化此事为止。唯上原则还有许多工作表现，每个人可能都有自己的感受。总之就是上司的观感是最重要的，至于问题有没有解决，解决了多少，老百姓得到了什么好处，都是无关紧要的。

在人际关系上，唯上原则的表现就是下级对上司的巴结奉承。但是，巴结他人毕竟有碍人的自尊。读书人，尤其是初入仕途的读书人，常常以巴结奉承为难事，感到难为情、不情愿。但是，为了官位提升，就是暂时放下自尊又如何？

古代做官的另一大原则是圆滑。正所谓政治体制是一个硕大的黑箱。官场中人行为的不可预测和政治体制的不透明，是官吏面临的最大危险，可能带来巨大的伤害。为了避免受到伤害，古代官吏倾向于选择圆滑的办事和处世作风。而论资排辈的升迁环境，也迫使官吏们要少做事、少出错，争取"无灾无病到三公"。

圆滑在工作中的表现，就是官吏们全力掩藏自己的真心实意，不让别人明白自己的底细、立场和意见，给自己留足回旋的余地；尽量推卸责任，出事时可以独善其身；一切按惯例常规来办，即便出了事也可以将责任推给体制，不用自己承担。最好什么事都能简化成例行公事，一切都是流水作业。这样的结果必然是谁都不干实事，不愿多嘴。例如，道光时期，曹振镛掌权的时候，他最讨厌年轻官员多事，斥之为"后生躁妄"。凡是担任御史的门生来拜谒，曹振镛总是告诫："毋多言，毋豪意兴！"意思是不要多说话，不要心血来潮！

唯上和圆滑相结合，可以衍生出许多看似匪夷所思实则有内在合理性的表现来。李鸿章有句名言："天下最容易的事，便是做官，倘使这人连官都不会做，那就太不中用了。"李鸿章的意思是掌握了唯上与圆滑这两大为官法宝，做起官来就得心应手了，如能运用自如便能官运亨通。

■ 带薪休假：古代官吏的福利

王勃《滕王阁序》写道："十旬休暇，胜友如云。""十旬休暇"就是每十天（也就是一旬）休息一天，工资照发不误。这种带薪休假其实也是古今官员的一种福利。

古代官吏的待遇除了政治上的品级和职务、经济上的俸禄和养廉银、舆服上的等级标识外，历代也都规定有与官吏切身利益相关的休假、退休和丁忧等福利待遇制度。

周代每年两次祭神，一次在仲春的头一天，一次在秋收之后。这两天百姓杀猪宰羊，舞蹈庆祝，官吏当然也休假了。到了汉代，官吏的休假制度开始正规化，朝廷规定凡元旦（指正月初一）、腊日、夏至、冬至官吏均得休假。西汉时主管水火盗贼的贼曹张扶在一个假日仍到官署办公，这个带头实在不受上司和同事的喜欢，郡守薛宣劝说他"虽有公职，家亦望私恩意"，应该"归对妻子，相乐邻里"。除了国定的节假日，高级官员还享有例行的休假，称为"休沐"，朝官每五天可以会里舍休沐一次。

到了唐代，"每至旬节休假，中书门下文武百僚不须入朝，外

官不须衙集"。每月又增添了三天假期。唐玄宗还把自己的生日命名为"千秋节",诏令天下宴乐,各级衙门停止办公三天。此后唐代不少皇帝都予以效法,将自己的生日命名为一个节日,届时官吏休假与百姓一起庆贺。

宋代不仅官僚多,假期也多,官吏一年的休假日多达七十六天。元旦、寒食、冬至都休息七天,夏至和腊日等休息三天;又增设了一些新的节日,如天书再降日之类。

明清的节假日不像两宋那样繁多,而且趋于集中,仅以岁首、端午、中秋为主要节日。清代规定,各衙门于腊月十九到二十二日四天之内封闭印信停办公事,至新正十九到二十一日三天之内按例开印恢复办公,官吏休假时间长达一个月。封印、开印都要在大堂当众举行仪式,其具体封启日期由皇帝钦天监选定。

除了休假制度,官吏的退休制度,也可以算是一种福利。古代官吏退休称为"致仕",其本意是还禄于君主,辞官归里,也就是告老休息的意思,也称"一致""引年",俗称"告老"。"大夫七十而致仕",这是史籍记载周代官吏退休的规定,此制一直沿用至元代,明清退休年龄从七十岁提前到六十岁,退休的官吏名列官籍,给予原俸,并继续享有免除徭役的特权。唐代对致仕的官吏加授级、衔,五品以上官可得半禄,即发给一半俸禄。有功之臣,经皇帝恩准,可得全禄。如名相房玄龄请求退休,皇帝准许,赐给全禄。宋代规定,凡文武朝官、内职,年老求退休者,享有增秩或加恩其子孙的优惠。到了明朝,明太祖规定:"四品以下者,各升一等,给予诰敕。"清代对四品以下官员正常退休的,给予原品一致,对年老有疾不能胜任官职的则勒令致仕。

旧时在职官员遭父母丧称为"丁忧",也称"丁艰",父丧称"丁外艰",母丧称"丁内艰"。按旧制度丁忧官要解除职务回家守丧三年。

在此期间，不许婚娶，不许赴宴（但可以赴衙门充当幕友）。遵守居丧的制度称为"守制"。《清会典·吏部》载："凡官守制者，子为父母，丧三年，皆丁忧，二十有七月而除。"对于守制的官员，皇帝一般要派遣官吏前往慰问，并赐以钱米等物。丁忧期间论资历年可享受三个月俸禄或半年俸禄。守制未满，有其他特殊原因，朝廷强令出仕的称为"夺情"，也称"起复"，后也泛称守制期满而出仕的称为"起复"。

官吏生病了，照例有病假，病愈还可起复。高级官员去世以后，皇帝往往会赐予谥号，作为褒扬或贬斥。如明代的周顺昌被魏忠贤害死，等崇祯即位，拨乱反正，"赠谥褒美，荣显身后"。也有先赐美谥而后悔改的，秦桧死后高宗加封他为"申王"，谥号献忠，下任皇帝登基，改他的谥为"谬"，更有阮元在岳王庙前用铁铸了他夫妻的跪像在那里受人们的唾弃。官员去世，朝廷同时给与钱物土地给家属治丧，那位有意思的卓茂"建武四年，薨，赐棺椁冢地，车驾素服亲临送葬"。有时君主还把功臣亲信的牌位放到自己或者先王的陵墓或太庙供奉，名为"配飨"。如魏徵死后，太宗让他配飨昭陵（太宗陵园），这对于官员们来说是至高的荣誉。清代名臣张廷玉为了获得配飨太庙的资格几乎和乾隆闹翻，最后如愿以偿，成为汉人配飨清朝太庙的唯一一个。这些可以说是官僚们衙门生涯最后的荣耀吧。

拓展阅读

历代"县官"如何称呼

县官的名称历代不尽相同。楚国是最早设县的国家之一，《左传·宣公十一年》曾有"诸侯、县公皆庆寡人"的记载，可见春秋时期初建县时，就以"县公"为一县长官的名称。后来亦称县尹或县大夫的，"晋，谓之县大夫；鲁，谓之宰，楚，谓之公、尹"。秦国县的长官也称大啬夫，各国县官的名称殊不统一。秦统一中国后，县立为定制，县官名称统一为令、长。《汉书·百官公聊表》载："县令、长皆秦置，掌治其县，万户以上为令，秩千石至六百石，减万户为长，秩五百石至三百石。"魏晋南北朝沿秦汉之制，大县置令，小县置长。隋唐时期，不论县之大小，县官统称"县令"。

到宋代，皇帝常直接委派京官带本官掌一县之政，因本非县令而管县，故称"知某县事"，简称"知县"，知，为主持之意，后世知县之名即源于此。知县有别于县的本官县令，因为是差遣。与宋同时代的金、辽县官仍称县令。

元代，县之长官有知县、县尹、达鲁花赤之别，知县或县尹为汉人担任，但非正官，不掌实权，近似于行政次官。真正掌权的由蒙古人担任，称"达鲁花赤"，其名取蒙古语"掌印者"之意，转而有总辖官、监领官之意，以监视汉官。一县之长有二，为历代所独有。

明代，县之长官沿用宋代之名，正式称为知县，清代沿之。县官名称除了县公、县尹、县宰、县大夫、大啬夫、县令、县长、知县之外，还有大令、大尹、明府之别称，习称县令。百姓尊称大老爷、县太爷或县官大人，而其属下则以"县尊"敬称，在没有上司在场的公众场所，县官自称"本官""本县"，而在上司面前则谦称"卑职""下官"。县官还有代称"百里"，这是因为古时一县之域方圆百里，故"百里"也是县的代称，而治理一县的长官也借称"百里"。

明清时，县官还有代称叫"县正堂"，这是因为县官正式办公的处所是衙署的大堂，因此，大堂称为正堂，所以在县官所出的文告、碑刻、匾额、官衔牌上常以"正堂"作为县官的代称。此外，县官还有"正印官"之称，这是因古代地方府、州、县官印玺俱为正方形而故名。

第二章
衙门官员身边的那些人

　　古人云："一人得道，鸡犬升天"，又说"一荣俱荣，一损俱损"，不管是衙门官员身边的胥吏，还是衙役、仵作都是官员身边的仆人，正所谓仆人替主人把关当差，主人得仆人的帮助把"公门"的事办好，两者互助互利，形成"一条绳上的蚂蚱"，本章就来讲述衙门官员身边都有哪些人。

第一节　衙门老爷的跟班们

■ 衙门官员身边都有哪些人

按照工作内容的不同，长官的随从们可以分为六类：师爷、门上、签押、管事、办差、跟班。

师爷，是州县长官的谋主、军师甚至是助手，直接帮助长官处理政务，为长官的仕途出谋划策。师爷的文化水平较高，一般由"绍兴师爷"或者第二类人出任。按照工作内容不同，师爷主要有钱粮（钱谷）师爷与刑名师爷，前者负责处理钱粮征收和民政事务，后者负责处理司法审判事务，这两类分别是州县衙门最主要的工作内容。此外，一些衙门还有"书启师爷"，主要处理官府公文，帮助长官处理交际应酬。书启师爷要将长官的各级上司、各位同僚、地方绅士的姓名、品级、履历、字号、生日等了然于胸，其中重要人物的家人情况，包括太太、姨太太、老太爷、老太太、少爷小姐的年纪、生日、喜好也要了解清楚。

门上，又叫门房、门丁、司阍等，负责看管衙门大门和内衙（官员居所）宅门，稽查出入。此外，门上还负责：

一、接收来往的公私文件，登记后送签押房处理。

二、对于本衙门外送的公私文件也要登记、发出。

三、接待访客。对于拜访、自荐的要问清住址来历，以茶酒相待，然后持帖禀报长官，请示见或不见；辞行的要问清何日起程，至何地方，有何公事，做好登记，告诉长官；如果是上级官府或者同级官府派来公干的官人，门上要请至花厅，问明情况，再执帖禀报长官，并知会厨房，备办饭菜，唤茶房伺候，预备房间等。

四、处理门口的报案和击鼓鸣冤事项，禀报案件，传集吏役，维持衙署秩序，接待过往人犯。

五、筹备官员出门事宜。官员拜会请客、朔望行香、寻常祭祀、踏勘相验、考试观风和迎接差事等等，都由门上安排有关夫役、轿马、执事、礼物、食物和银两等。

六、门上还经管茶房、壮役、站夫、轿夫、差役、仵作、禁卒、更夫等工食银米的给发。

可见，门上的职责着实不少，比衙门原设的门房的职责要多得多。古代官员没有电话，官员和百姓要联系他，只能通过门上。门上就类似长官的电话，类似现代单位中的办公室主任，非心思缜密、眼尖嘴快的人干不好。

由于事务繁杂，门上往往有正副二人，多的甚至有十几人。这么

▲ 古人生活场景

多人又根据工作内容分类，有的专门负责案件，有的专门负责呈词，有的专门负责差务，有的专门给长官执帖传话等等。

签押，指在签押房佐理公事的随从。签押房是签发、批阅公文的地方，类似于如今机关中的秘书处。不过在清朝的说法是，"签押房如同军机处也"。任何体制下，公文处理都很重要。单单就印章一事来说，用印的格式、对象、内容、形式、规则都有讲究，盖章已从一种权力行为变成为一项琐屑繁杂的工作。掌印长官本人难以确定，于是就有了专门的"执印之人"。

因为事务繁多，签押也有多人，分工进行，包括：稿签（就是签发文书的人）、审读、用印、值班、收发、传禀等。其中由"稿签"总理签押之职。稿签收到文书后，首先要将其登记挂号，然后根据内容分送长官、师爷或者各房书吏处理。对于各处来文，稿签要先送长官批阅，再分别送师爷办理，办成回来之后稿签再登记签发，交给门上送出。

第四类和第五类随从是管事和办差。管事是负责具体事务的随从，比如管仓、管库、管监、管号、管厨等；办差则是没有固定差使的"家人"。

管仓和管库分别管理粮食仓库和银钱仓库。管监管理监牢，明清州县衙门分内外二监：内监在官署，是监禁已定罪的犯人之所，即常说的"监狱"或"监牢"；外监是差役们临时羁押嫌疑人的地方，即常说的"班房"。管号是管理驿站的马房。管厨就是负责管理厨房。

办差则处理一些机动性强的事务，比如伺候长官出门；迎接上级和办事员；接送过境差事；府到省投文、送礼，批解煤炭、粮米、地丁、人犯等事。这些事情原本就有官吏、兵丁护送押解，州县长官派随从护送，即以随从管理官吏差役。此外，为了探听上级衙门情况，窥探上级喜好以及做好长官的出差接待，县级衙门还有派到省、府驻地专门探听上司衙门关于本州县事务、上司及官亲生辰寿诞等情况的随从。长年在省会探听公私事务的随从称为"坐省"，在府里的称为"坐府"。各上司三节两寿水乾礼物，以及喜庆大事，一得确信，要预为禀报；本官长有升迁降调之信，按十日一次旬报。也负责照料本官在本省做官亲属的生活。为了管理所有办差的随从，地方官往往设置一名"差总"总管这些事。

最后一类随从是跟班。跟班才是真正意义上的随从，只管长官的日常生活，服侍长官的饮食起居、服饰穿戴、日常办公等。虽然跟班也跟随长官坐堂、出门，料理拜会应酬事宜，但不管长官的行政事务。这类随从因为和实权事务离得最远，实际收入也最低。

归总起来，随从数量的多少，与当地政务的繁简有关，也与官员的志趣有关。有人就喜欢亲力亲为，聘用的随从自然就少。省会所在的县（称为"首县"），因为政务繁复，衙门林立，比其他州县责任更大压力更重，知县的随从自然就多。比如首县衙门需要承担上司衙门委办的公事。尤其是按察使遇到疑难杂案，一般委发首县复审或会审，首县知县就需要多聘刑名师爷，或者专设"发审"来承审案件。

更有趣的是，清朝随从们因为自身事务繁重或者懒惰，又聘请了自己的随从。这些人是随从的随从，听从随从的差遣，除照顾聘主日常生活外，也代替聘主在衙门内外跑腿、办差。他们被称为"三小子"或者"三爷"。

由胥吏、差役和随从组成的非官员集团，构成了庞大的"衙门小鬼"群体。他们经手具体政务，和老百姓打交道，也直接榨取民脂民膏。老百姓们不常见到县官，倒是经常与这些小鬼打交道，深知衙门小鬼最难缠。后来，连皇帝也知道了这支额外的队伍的危害。农民出身的皇帝朱元璋即位不久，惊奇地发现自己竟然要给许多并不在员工名册里的"闲人"发工资，大发雷霆。

■ 大官好办，"小鬼"难缠

民谣说："官不恶衙役恶"，"大官好办，小鬼难缠！"说的是衙门里的小角色长袖善舞：舞弊长官，刁难百姓，谋取私利。

这些小角色，都不是官，除了州县衙门各房中的书吏，还有衙役等人。衙役本质上是"役"，是官府征发到衙门里当差服役的百姓，包括门子、皂隶、听差、捕快、禁卒、仵作等。他们所做的事情，都是政府公务。不过，官和吏都有编制和俸禄，但是衙役们是没有编制、也没有俸禄的。这就逼着他们去营私舞弊，赚取外快。

宋人说小吏和衙役们"少谙刀笔老尤工，旧贯新条问更通"。他们中的很多人从小就吃衙门饭，几十年下来老到稳重，对行政事务、条例和惯例等一清二楚。长官们要开展政务，还真离不开他们。而历代朝廷的规章制度、司法判例、惯例流俗层层累积，导致政务越来越复杂，非皓首穷经，花十数年时间钻研不能精通。这在客观上要求政务处理专业化。久而久之，小吏和衙役成了一种职业，不用再挑选、征发了。很多家庭垄断了吏和役，父子相传，以当差为生了。当官要回避，不能在本乡本土为官，但吏和役不需回避，家里几代人都是衙

▲ 铜雕衙役

门里的地头蛇，可谓"铁打的差人，流水的长官"。

衙门小鬼强大的后果是挟制长官、为害政治，这样的例子自古就有。《宋史》记载：陈诂在祥符县当知县，因为严治贪吏，胥吏们集体罢工，弄得陈诂无法正常办公，全县行政机构陷入瘫痪，朝廷要拿陈诂问罪。幸亏有人挺身而出，慷慨陈词："罪诂，则奸吏得计，后谁敢复绳吏者？"这才打破了阴谋，同时也明确将官和吏放在了对立面上。《明史》的案例更惊人：曹县知县范希正抓到了胥吏受贿的确凿证据，将他判罪械送京师。但是全县胥吏联合起来，诬告范希正"犯罪"！永康县衙的胥吏更厉害，七任县令都因胥吏诬告罢了官。

在明清时期，地方官员带自己的班子上任，是合法的。这里的"班子"绝大多数不是照顾官员家庭事务的，而是处理地方衙门的政务，平日在衙门中对地方胥吏指手画脚颐指气使。虽然朝廷对官员携带班子的数量有规定，但在实践中一再被超越。一般知县上任，随行的队伍都有百人之多了，这些随从就成了新的"衙门小鬼"。

长官随从们的来源有哪些呢？

第一类人是长官的家人亲友们。家人和亲友是长官最可信赖的人群，用他们既放心，又可以解决亲戚们的生计问题，何乐而不为？清朝官场中有"三爷当道"的说法，这三爷指的就是少爷、姑爷和舅爷。他们往往狐假虎威，在父亲、岳父或姐夫、妹夫的辖区内作威作福。下属、胥吏和百姓们忌惮长官，又不敢得罪他们。

第二类人因为一时生活困难或其他原因，暂时屈尊给人做幕僚或者随从。这类人不是官宦人家出身，就是读书人出身，后来因为家贫或者科举不利，生计困难，就曲线救国，进入幕府做事。一来解决生活问题，再积累点小钱；二来可以提前熟悉政务，积累政治阅历。他们最终还是奔着自己当官去的，等到时来运转的时候，或者被他人荐举，出任官职；或者科举考试成功，进入仕途；或者用当幕僚、随从时赚的钱捐班出仕，仍可荣宗耀祖。这类人因为不是以服侍长官为职业，所以被称为"暂随"。长官对他们也比较客气。

第三类人是在社会上磨炼多年，精明强干之人。这类人有的经商多年，生意萧条；有的懒于辛苦劳作；有的自幼奔走江湖，历练老成；有的遭到挫折，命运乖张，但都是能言善辩、会说话办事的人。长官发现了他们的才能，聘为助手。这些人因为一时困顿，或者盛情难却，就同意做了幕僚和随从，但不愿终身为他人干活，所以得名"且随"。

第四类人是职业做随从的。这些人没有一技之长，不会营业，专喜结交朋友，吹弹歌舞，嫖赌逍遥；或者父母亡故，家产荡尽，无所可依，就想跟着长官混口饭吃，所以奔走他乡，充当随从。这些人久惯风月，眼界开阔，有手腕会权变，在衙门阅历多年后，进退有据，长官见他勤劳能干，委以大事，从此发迹。他们一辈子吃衙门饭，往往积蓄丰厚，为子孙留下不错的根基。子孙也倾向重走父辈的老路，于是当随从就成了一种职业。这些人事无常主，哪儿有赚钱的机会、哪儿缺随从就往哪儿去，以此为业，是长官随从队伍的主力。

清朝时，一个官员得到州县实职或者差使的时候，往往亲友嘱托、同僚推荐，一大帮子人争着来给他当随从。官员碍于情面，不得不聘请。段光清在《镜湖自撰年谱》中记述他在浙江做知县时的情况说："浙省弊俗，一奉委牌，荐家丁，荐幕友，不能计数。"他署理建德知县时，有一次去拜访上司杭州知府。知府问他是否需要聘请一位师爷，段光清说自己已经请了钱谷、刑名两位师爷。知府不悦道："你的师爷是自请的，当年我初入官场，师爷都是上司推荐的。"段光清忙说自己新官上任，不懂规矩，知府如果肯再推荐师爷帮忙，必定有益施政。于是杭州知府就顺势推荐了一人，段光清只好将其聘为第三位师爷。

清朝仅有一处衙门没有任何衙门小鬼，只用官员。那就是军机处！由于朝廷看到胥吏亲随等人乱政，同时鉴于军机处是中枢要地，整个衙门便只用军机大臣和军机章京。军机大臣主持政务，军机章京处理文案与杂务，干"小鬼"们的活儿。军机章京都从中央各部衙门的郎中、主事中抽调。这样的衙门在清朝独此一家！

■ 衙门中的"廉吏"

明朝著名的理学家王阳明的大弟子王心斋（王艮）先生一次去海陵郡讲学，郡中的胥吏们也都来听讲，并向王心斋先生请教为人处世之道，王心斋送了六个字给他们："心地好，前程保。"

这六个字，可以说是为吏的箴规，表达了社会对胥吏这一职业的普遍期望。由于胥吏这种职业所处的特殊环境，形成了营私舞弊的衙门习气。虽然胥吏之中不乏勤谨自爱之人，但他们长期处于这样的环境，沾染上这种衙门习气，难免就会"近墨者黑"了。所以，自古人们就要求为吏者洁身自好，奉公守法。在《云梦秦简》的《语书》一篇中，就已明确提出了"良吏"的标准，是通晓法律，廉洁自好，忠诚老实，办事公正，奉公守法。元朝著名的吏学著作《吏学指南》中，也把胥吏的道德标准归纳为"勤谨、廉洁、谦让、循良、笃实、慎默、不犯赃滥"等几项。同样，在历史上，也有不少廉洁奉公的"良吏"，他们处污泥而不染，虽然身为卑微小吏，却洁身自好，恪尽职守，在中国衙门史上留下了一段佳话。

汉朝大臣于定国的父亲为东海郡小吏，他虽负责案件审判，却从不敢徇情枉法。当时东海郡有一个寡妇，为了侍奉婆婆，不肯改嫁。婆婆不愿拖累儿媳，便上吊自杀了。可是，小姑却向官府报告，说是嫂嫂逼死了自己的母亲，官府便逮捕了这个寡妇，对她严刑逼供，将她屈打成招。但于公认为这个寡妇尽心供养婆婆十年而不改嫁，决不会做出这样伤天害理的事，要求太守谨慎处理，千万不可冤杀孝妇。可是太守却固执己见。于公不顾自己职卑位低，几次与太守争辩，但太守就是不听。结果于公愤而辞职。寡妇被杀后，东海郡大旱三年。后来新太守上任，于公又要求他替寡妇平反。太守采纳了他的意见，不但替寡妇平反，还亲自去她坟前杀牛祭祀，据说当时立刻便下起了大雨。东海人对于公非常敬重，为他立了生祠，称为"于公祠"。

有的胥吏为了公正断案，敢于据理力争，有的因此遭受到不白之冤。明朝无锡县有个叫朱仲南的县吏，当时县里发生饥荒，饥民们涌到财主家强行借米，但财主向太守报告说是被强盗抢了，于是太守命令将那些饥民都判处死刑。朱仲南据理力争，太守大怒，把朱仲南也投入监狱，严刑审讯，但没有结果，对那些饥民的判决也因此而耽搁下来。后来遇到大赦，朱仲南和那些饥民都被释放。朱仲南说，我身为小吏，能救活几十条人命，也算对得起自己了。他看透了衙门的黑暗，不愿再干胥吏，弃职回乡了。云南有个叫杨雨的府吏，他每当认为有冤情的案子，总是

▲ 铜雕胥吏

当庭与太守据理力争，故多次受到杖责，但他仍然坚执己见。开始太守怀疑他是受贿之后替人解脱，后来发觉并不是这样，于是便对他另眼相看，他提的意见也多被采纳，避免了许多冤案。他胥吏任期满后，太守因他很有才干，向上司保荐他，但杨雨已不愿再在衙门供职，潜入鸡足山隐居起来，不知所终。

古代衙门里的一些"廉吏"之所以能够洁身自好，同他们家人的督促、教诲有一定的关系。在那些"廉吏"的身边，总可以看到贤妻良母的影子。东晋的大将军陶侃年轻时曾为浔阳县吏，专管渔业。有一次他顺手牵羊，带一小罐腌鱼回家给母亲吃，但他母亲将腌鱼原封不动地退了回去，并附信一封责备他说.：你身为小吏，将公家的东西拿归家给我，这样做不但不能使我高兴，反而是增添了我的忧虑。陶侃后来能成为一代名将、一朝名臣，同他这位良母的教诲有着很大的关系。

当然，从主观上来说，那些洁身自好、奉公守法的胥吏，用封建伦理道德箴规自我约束，是一个很重要的方面；而佛教的行善修行、因果报应观念的影响，也是一个重要方面。公门中好修行，为吏者最容易积德，如果能随时随事留心行善，必有好报。明朝大学士商辂的父亲为严州府吏时，曾多次劝胥吏们奉公守法，不可舞文害人。县里押送府里的囚犯，他总是多方申救，不少人因他的帮助而保住了性命。人们都说他多行善必有好报。后来他的儿子商辂连中三元，成为明朝唯一的三元及第者，而且官拜宰辅之职。这些都被后人看成是他为吏时行善积德的结果。

清朝的刘衡有一篇劝谕书吏的告示，明确表达了这种观念。他说，明朝有不少大臣，都是由吏员出身，本朝由吏员而做到大官的，也不一而足。至于吏员子孙居显赫之职的，更是不可胜数，这之中，哪一个不是从行善得来的呢？相反，那些不肯行善而专干坏事的胥吏，即使能侥幸逃脱国法制裁，但却逃脱不了阴间的惩罚。因果报应，在衙门之中来得最快，所以各胥吏应该引以为戒，多行善事，千万自爱。

■ 弄权舞弊的胥吏

衙门胥吏弄权舞弊，操纵衙门事务，成为古代衙门的一大弊端。当然，一些比较精明的衙门长官不能容忍这种现象，他们采取各种措施，力图革除这一积弊。北宋李元弼撰写的《作邑自箴》中，就要求衙门长官对胥吏要严加关防，胥吏无事不得轻易离开衙门外出，各房书吏不得相互往来串通。元朝的张养浩在《为政忠告》中，提出约束胥吏的办法，在于衙门长官的"自严"，即衙门长官对诸事要亲自过问，严加督促，杜绝给胥吏受贿弄权的机会，禁止胥吏与富室交结，泄漏衙门公事。只有这样，才能使胥吏生畏，不敢弄权舞弊。

北宋有个叫葛源的人，以吉州太和县主簿代理吉水知县。吉水县衙里胥吏把持衙门事务的情形非常严重，他们所用的手段很简单：每当知县刚刚到任，他们就诱迫百姓去告状，数百人把县衙内外挤得满满的，而且一连几天。弄得知县厌烦了，就会让胥吏去处理，这样胥吏就可以趁机弄权了。葛源上任后，那些胥吏又用老办法对付葛源。葛源识破了胥吏的诡计，让告状的百姓站在廊下，亲自逐个询问，结果倒有一半人说不出所告何事，只得供认是胥吏让他们来告状的。于是葛源将那些违法乱纪的胥吏全部逮捕，严加惩治。胥吏们经此一治，总算老实了许多。

宋代的大清官包公也曾用类似的手段来对付胥吏。按照惯例，百姓到开封府告状，是不能进去的，由胥吏坐在门口收状，再把状子转送进去。胥吏们就利用这一转手的机会，向告状人敲诈勒索，营私舞弊。

包公任开封府知府后，废除这一惯例，命大开衙门，告状者可以直接进入开封府大堂，自己向包公诉说曲直。这样一来，胥吏们就没有机会舞弊弄权了。

开封府的胥吏们自然不愿自己手中的"饭碗"就这样被包公砸掉，他们又玩起疲劳战术的老花样。包公刚上任不久，胥吏们便抱着一大堆文书，站在庭下，请包公批阅，想用这个方法来拖垮包公，使包公不再干预他们的事务。没想到包公照样也识破了他们玩弄的手段，命人把大门关上，让胥吏们坐在阶前，依次上前，将手中的文书交包公逐本批阅，结果发现这些文书中混杂了大量的陈年旧文书在内，胥吏是想用这些旧文书来蒙骗、捉弄包公，包公便用重法惩治这些胥吏，毫不宽贷。

衙门长官用事必躬亲的办法，来对付胥吏舞弊弄权的行为，比起那些放任胥吏弄权的庸懦官员来，自然可以防止胥吏把持衙门事务。但是，胥吏操纵衙门事务的现象由来已久，衙门长官事必躬亲，往往只能收效一时。即便是像包公这样的清官，仍不免为胥吏所骗。包公任开封府知府时，有个人犯了法，依法当处以徒刑。按照宋朝刑法，徒刑是用杖脊（责打背部）的方式来执行的。罪犯想减轻责罚，便向胥吏行贿。胥吏接受了贿赂，叫他受刑时只管大喊冤枉。到了行刑时，犯人真的大叫冤枉，而胥吏在一旁大声吓斥他，不许他叫喊。包公一见，转而生疑，认为是胥吏有意弄权，便命人把胥吏揪到庭下，打了十七板；对犯人则减轻责罚，改处以责打臀部的杖刑，想以此来挫挫胥吏的气势，却没有想到恰好是中了胥吏的计，落入了胥吏事先安排好的圈套之中：胥吏的本来目的，就是要使犯人减轻处罚。清朝光绪年间，游智开出任永平府知府。他素以明察自诩，喜欢微服私访。胥吏们得知后，便想"整"他一下。他上任后不久，就微服私访，一次来到一个茶馆，里面人很多，几个府衙的胥吏也在那里喝茶，他们看见游智开进来，装做不认识他，大谈游智开是个清官，天下无双。游智开听了心里很高兴，但嘴里却说："此官虽好，但并不是十全十美的啊！"一个胥吏听后，跳起来打了游智开几个耳光，怒斥他道：你是什么东西，竟敢诽谤青天老爷！游智开挨了打，却还很得意，以为百姓真的对他心悦诚服，却哪里知道这是胥吏在玩弄他。这正应了当时的一句话："清官难逃猾吏手！"

第二节 衙门中的"小鬼"

■ 古代验尸官：仵作

当地方发生凶杀等人命案件后，县太爷要率众前往勘查现场。在随行的差役中，有专门负责检验尸体的，这种差役就是仵作。

仵作又叫"行人"或"仵作行人"，原是帮助丧家埋葬尸体的人。由于他们经常接触死尸，因此也参与衙门尸体检验工作。自宋代以后，随着法医学的发展，检验制度的完备，仵作也成了衙门中专门负责检验的差役。凡发生人命案件，地方官虽然要亲自到案发现场主持验尸工作，但具体的检验工作是由仵作进行的。检验时，地方官坐在一旁，由仵作检验尸体，报告伤损情况。由于尸体的伤损情况对死因判断有着直接的联系，关系到能否通过死因查明案

▲ 仵作验尸砖雕图

情真相，及时侦破案件，查清凶手。所以从这一点而言，仵作的任务十分重要。但是，仵作的地位很低，待遇也很差，仵作的工食银按皂隶的工食银发给，但却不像皂隶及捕役那样有种种陋规可得。虽然《大清律例》中也规定仵作如果检验得法，果能洗雪奇冤，赏给银十两；如果检验时故意有出入的，则要照例治罪。然而，正由于仵作的检验结论对凶杀案件死因等问题的判定有着举足轻重的作用，所以，一旦仵作因受贿或其他原因作出错误的检验结论，那么就可能直接导致错案乃至冤案的发生。

　　清末四大奇案之一的杨乃武案，直接的起因，就是仵作的错验。当时，毕秀姑的丈夫葛品连因病死亡，葛母却怀疑是被毒死的，去衙门喊冤告状。知县接了诉状后，便带了仵作去验尸。由于葛品连死了已有两天，尸体开始腐变，两个仵作辨识不清，把指甲灰暗写成指甲青黑，把口鼻出血说成是七窍流血，接着又用银针刺探死尸喉部，发现银针颜色变暗，便说是中毒，结果含含糊糊报了个"服毒身死"。而知县就凭着这验尸报告，将毕秀姑屈打成招，说是与杨乃武勾结，毒死了葛品连，并将杨乃武也屈打成招。后来，此案曲折反复，历时三年，最后在刑部主持下，由刑部指派老练的仵作重新开棺验尸。检验的结果，葛品连的尸骨并无中毒症状，这起冤案才得以大白。当然，铸成这起错案的两个仵作也没有逃脱惩罚，一个被处以杖八十、徒二年；另一个被处以杖一百、流二千里。

　　如果说杨乃武案件是由仵作的检验错误造成的话，那么清朝另一起大冤案——麻城涂如松的冤案，则是仵作被收买，故意乱报死尸所造成的。清雍正年间，湖北黄州府麻城县一个叫涂如松的百姓，夫妻感情不好，一次妻子被打出走后就失踪了，妻弟杨五荣在秀才杨同范等人挑唆下，去县衙控告涂如松杀死了妻子，但因没有证据，反被断了个诬告。一年以后，河边发现了一具死尸，杨五荣便说这就是他姐姐杨氏的尸体，还贿赂仵作李荣，要他在验尸报告上填报女尸，李荣没有同意。但由于尸体已高度腐败，无法辨认是男是女，杨五荣等人

▲ 杨乃武与小白菜蜡像

趁机把事情闹大，于是总督便另派广济知县高仁杰重新勘验。杨五荣等暗中贿赂收买了高仁杰手下的仵作薛某。薛某在验尸时，便胡乱报称是具女尸，并煞有介事地称：尸体两肋之间，有重伤痕迹各一条。杨五荣、杨同范等人便以这个验尸结果为依据，去省里控告涂如松杀妻，原知县受贿，仵作李荣谎报验尸结果。总督大怒，专门委派高仁杰去审理此案。高仁杰见证据已经"确凿"，便对涂如松严刑逼供，夹棍将两脚的踝骨也夹得露了出来。高仁杰见涂如松还不承认，又让他跪在烧红的铁链上。涂如松熬不住酷刑，被迫供认了"杀妻"之罪。原来负责验尸的仵作也惨死杖下。

涂如松虽然被屈打成招，但案件却并没有了结。由于在验尸上存在种种疑点，无法结案。最后总督还是坚持涂如松犯有杀妻罪，判处斩刑。就在案件上报朝廷，等候朝廷批复执行的时候，案情却发生了戏剧性的变化：涂如松的妻子杨氏意外地被人发现了。原来她根本没有死，而是被杨同范藏起来占为己有了，他挑唆杨五荣控告，都是有预谋的。案情真相大白，诬告他人的杨同范、杨五荣都被处以死刑。涂如松被无罪释放。但受贿的仵作薛某，却依然逍遥法外。

■ 衙门里的"门政大爷"

在古代衙门、尤其是清朝的地方衙门里，有一种似差役又不是差役、是奴仆又不是奴仆，却比奴仆、差役乃至胥吏都更有权势的人，这就是被人们称为"门政大爷"的门役。

门役是衙门长官的私人随从和奴仆，但他又与一般奴仆不同，并没有人身依附关系，可以自由选择主子。他们的任务是帮办衙门公务，有点像衙门长官的门房，外人同衙门长官接触，必得通过他这一"关"，而门役也就利用这一点，作威作福，狐假虎威，敲诈勒索。

由于从某种意义上说，门役担负了衙门长官与部属及其他人的联系，这个中间渠道为他们营私舞弊大开方便之门，而这种机会又是多方面的，衙门长官的一举一动、一言一行，都可以成为他们敲诈勒索的借口，而当事人与衙门长官却都被蒙在鼓里。

清朝毕沅任湖广总督时，一次在进行例行检阅时，关照中军副将次日要早些下校场。由于毕沅是江苏人，说了一句吴语"乌黑龙龙"，意思就是"清晨"。可中军副将听不懂，出了辕门后，向诸将转述总督的话，大家也都弄不明白，只好去问总督的门役。门役骗他们说，"乌黑龙龙"就是要杀人的意思，明日可能要有人被处军法。诸将大惊，向门役询问解脱的办法，门役趁机向他们索要白银万两，答应替他们设法。诸将没法，只得凑了万两银子。门役把银子放好后，才出来对诸将说，事情已经办妥，诸将只要明日清晨率军到校场集合就是了。到了次日检阅，果然一切无事，门役白白得了白银万两。

在门役中，还有一种特殊的职务，那就是专门替衙门长官管理文书的门稿，又称稿案。

门稿负责衙门文书的管理、收发以及传票签发的核准等工作，是衙门长官的私人秘书。一般来说，各类文书都须经门稿之手转交衙门长官，衙门长官批出的文书也由门稿发交各房书吏。门稿往往利用这一点，从中渔利。例如，衙门批出的传票，总有一定的限期，但事实上这种限期常常是官样文章，加上衙门本身存在的办事推拖的作风，衙门长官也并不希望差役在限期内很快传集人证（除了那些十分重大的案件），因为这样衙门长官就有不能限期结案的理由了。门稿们对此是很清楚的，所以他们往往将案件搁在一边不送进去，以此向当事人索贿；否则便强迫当事人和解，这样既可以讨好长官，又可以从中捞取好处。一般来说，像这样每件案子总有一千文至五千文可得。

由于门役与衙门长官的特殊关系，所以对内他们虽是长官的奴仆，对外却被衙门的属官、属吏所敬畏，以至于人们往往走门役的门路，以遂所求。据《清朝野史大观》记载，道光年间，安徽巡抚王晓林手下有个叫陈七的门役，颇得巡抚信任，陈七趁机弄权，竟然权势显赫。一次，陈七与巡抚同时得子，结果省城文武官员，上自布政使、按察使，下至州县官员，都亲自前去道贺，先贺巡抚，后贺门役，外地官员也专门派人赴省送礼。一个门役生子，竟然连地方大员也亲自前去道贺，虽然是狐假虎威，但其威势由此也可见一斑了。据说后来陈七还用一大笔钱替自己捐了个"道员"的官衔，这是清朝所能捐到的最高职衔。一个奴仆居然也戴上蓝顶，穿上貂褂。按清朝法律规定，奴仆是不得冒捐官职的。所以后来陈七遭御史弹劾，落得个革职查办的下场。

门役会舞弊的，有时连长官也对之无可奈何；当然，如果长官能识破门役的诡计，门役有时可能就无计可施了。在《满清官场百怪录》中，就记载了这样一件事：有甲乙二人，做小生意起家，赚了不少钱，于是两人便"合资"捐了个知县，甲出七成，自然去做官；乙出三成，当了个门役。结果六年官做下来，乙当门役的收入，竟远远超过了甲当知县的收入。后来又做两年，甲竟然亏空不少。于是只好又重新开始，让乙当知县，自己当门役，可甲因为没有经验，稍有欺弊，便被乙发觉。于是甲便发愤向衙门中的前辈学习舞弊的"经验"，没有几个月，竟然是青出于蓝，本领远远超过了乙。等到乙发觉时，甲已经积累了十余万两银子。后来两人捐弃前嫌，明为主仆，暗为朋友。等到辞官回乡时，都成了拥资数十万两银子的巨富。

■ 古代特警：捕快

衙门捕快的职责，在于缉捕罪犯。虽然他们利用职权，勒索、敲诈财主和百姓，捏造证据，诬良为贼，陷害无辜，已成为衙门的一大弊端，但也有不少捕快，在长期的办案实践中积累了丰富的经验。

旧时衙门捕快办案的主要诀窍，在于一个"察"字。他们往往能从一般人所忽略的地方，察觉出破绽。据说清代江西湖口有一个老捕快，与同伴数人外出侦查，见到一个虬髯客，举止粗疏，语言朴野，头戴一顶草帽，身穿一袭布袍，独自在街上闲逛。同伴们见此人举止很可疑，怀疑此人是他们要捕捉的大盗，便告诉了老捕快。老捕快也觉得此人可疑，但又恐怕万一有误，会打草惊蛇，便暗中盯梢观察。此人走进一家酒馆，老捕快也跟了进去，与他对席而坐。只见此人吃饭时目不斜视，正襟而坐，杯筷不乱，坐的时候脚总是悬空踩着。吃完饭后，又悄悄跟着他来到一座茶楼。此人持盏倚栏，观赏景色。老捕快慢慢从后面走上前去，此人以为是跑堂的，便头也不回，把茶杯向后递来。老捕快接过茶杯，放回桌上，然后下楼告诉同伴：此人坐如泰山，行如流水，一举一动，都是富贵人家的习惯。此人一定是大官微服私访，不是什么强盗，千万不可鲁莽行事。事后一打听，果然是省里的提刑按察使外出办案，路过此地。

按察使微服私访，目的就是不让人家知道他的身份，但结果还是被老捕快识穿。这也说明捕快在"察"字上，确实有不同一般的本领。

捕快们的"察"，有察事、察人和察理三种情形。

察事，就是通过对事物的细致和周密的观察，发现疑点和破绽。在《志异续编》中，就记载了这样一则案例：有个商人被杀，但不知凶手是谁，知县便限令捕役们限期破案。但捕役们查不到凶手，只得请一位退役的老捕快帮忙。老捕快接受了聘请，于暗中四处查访。一天，老捕快正在河边茶馆饮茶，见河里有一条船，船尾晒着一条新洗的绸缎被子，上面却叮着许多苍蝇。老捕快一见，立即对众捕役说，凶手就在船上。众捕役冲上船，果然在船上搜出了赃物，证明商人正是被船家所害。事后，众捕役还是弄不明白：老捕快怎么一眼就看出船家是凶手。老捕快告诉他们说，绸被上叮着这么多苍蝇，说明上面有血腥气，如果不是杀人，哪来这么大的血腥味？再说船家再富，也用不起绸缎被子，况且被子不拆开就洗，其中必定有缘故。这些疑点，一望可知。老捕快就是从这些疑点中，推断出杀人凶手必在船上。

在《虫鸣漫录》中，也记载了湖口一位曹捕快破案的事。一天，曹捕快在河边看到一条空船停泊着，便要上前检查。开始船夫不同意，后来在曹捕快的坚持下，被迫打开船舱，里面果然空无一物。但曹捕快要船夫把底舱也打开，船夫坚持不同意，曹捕快强行打开底舱，只见里面金银累累，显然来路不明。将船夫押到衙门一审，果然是作案多年的大盗，船底里面藏的都是赃物。事后当人问起他是怎样知道船里有赃物时，曹捕快说，这样一条小船在风中居然不颠簸，而且系船的缆绳拉得很紧，所以断定船底有东西。

察人，是通过对人的行为、举止、衣着和习性等方面的观察，从中发现疑点和破绽。上文中讲到的那位湖口的曹捕快，就是在察人形迹方面很有经验。一次他外出缉案，见一人身穿锦袍马褂，衣装华丽，但举动之间很不自然，便暗中盯在他身后，跟着他进了旅店，只见他上衣未脱，就先赤着双脚。次日早晨，此人走出房间，衣服都已穿好，但仍然赤着脚。吃饭时的举动，也不像是有钱人的样子。于是曹捕快出其不意，将他抓回衙门。后来一审问，果然也是一个作案多年的大盗。曹捕快凭着这方面的经验，也破了不少案。

察理，就是通过对现象情形及其他证据的情理分析，从中发现疑点和线索。这是旧时捕快办案最常用的办法，也是古代衙门办案常用方法之一。关于这一点，将在后面具体介绍。

"无名有实"的审判官

在名义上，州县衙门的审判事务由衙门长官负责，从案件的调查、审讯直到作出判决或是判决意见，都是由衙门长官一人主持的。但是，衙门长官事实上对基本的法律知识知之甚少，因此衙门中有关刑事及民事案件的审理，都是由幕友经办。一般来说，斗殴、凶杀、奸情、继承、婚姻等案件，归刑名师爷经办；争房产、钱债交易等案件，归钱粮师爷经办。

幕友并不是官，所以他不能参与审判，更不能代替衙门长官进行审判活动。清代的"名幕"汪辉祖说过：听讼是主人的事，不是幕友所能一手代替的。幕友通常只能在屏风后旁听，了解案件的审讯情况。然而，衙门长官坐堂问案往往只是一种形式，对案件审理起主要作用的常常是屏后听审的幕友。

清嘉庆年间，广西灌阳县发生了一起离奇的凶杀案。灌阳多山，县民以垦山为生。一个名叫王乙的人，他单身一人从外地来此，依山筑庐而居。王乙有个名叫王大的族子，一年中也来此两三次，每次来总是在王乙家中住上几天。时间一长,左邻右舍也都认识他了。一天,王乙的邻居们发现他好几天没出屋子,便一起去看他,谁知推门进去,只见王乙的尸首赫然躺在床上,但头却不知到哪里去了。邻居们一见,不知如何是好,商量半天,决定大家凑钱安葬算了,不要去报官。不久,王大又来看望叔叔,邻居们便告诉他王乙因病去世了,并将安葬的地点也指给他看了,王大大哭一场后便离去了。几天后,王大又来了,并请邻居们吃饭,席间,他感谢邻居们做好事安葬了他的叔叔,但又表示想把叔叔的遗骸带回故乡。邻居们一听,便想阻止他,但王大坚持要迁葬。棺材一打开,只见里面躺着的是一具无首的尸体。邻居不得已,只得把实情告诉他。王大便要报官,邻居们非常害怕,想用钱来收买他,请他不要报官,但王大要价太高,邻居们拿不出这么多钱,结果事情闹大,被官府知道了。知县便下令把邻居们统统逮捕,严加拷问,那些熬不住酷刑的人,只好自己诬认杀了王乙,但又说不出死者的头在哪里,于是这便成了一桩悬案。

不久,原知县离任,新知县杜某上任,他聘请一个名叫刘世澜的人为幕友。刘世澜是一个法律专家。他阅读了此案的案卷后,便对杜知县说:此案有疑,从王大这个人来看,并不像是有能力将王乙遗骸带回乡安葬的人,但他坚持要开棺,说明他已经知道尸体无首,谁又能说不是王大杀的呢?再说,死人没有头,

▲ 宴饮图

又怎能肯定他是王乙呢？于是，杜知县召集邻居们讯问了有关情况，再把讯问的结果告诉刘世澜。刘世澜与杜知县商量后，教了他一套办法。

第二天，杜知县升堂重审此案。他先抬出了各种刑具，然后厉声对王大说：是你杀死了自己的叔叔，你要从实招来，否则就要动刑。王大大惊，连连叩头，说叔叔并没有死。杜知县一听愕然，马上又追问人在何处，王大只得承认是在自己家里。于是，杜知县一面命将邻居们全部释放，一面派差役去王大家将王乙捉拿归案。差役们到王大家，出来开门的果然是王乙。王乙到案后，只得如实招供了事情的经过。原来，那天有一个过客来王乙家避雨借宿，正巧王大也在，他见此人包裹中带有金银，便起了歹意，与王乙一起将他杀死，然后割下他的头藏了起来，并给他穿上了王乙的衣服。后来王大听说邻居们误认为是王乙而将死者悄悄安葬了，他又想借此再"敲"邻居们一笔钱，没有想到反而败露了罪行。

案情真相大白，人们都称赞杜知县断案神明。但后来才知道，这一切都是刘世澜的计谋。他从案件的疑点中，推断出王乙必定未死，所以给杜知县设计了一套审讯方案。因此，此案事实上的审判官是这位在幕后出谋划策的幕友刘世澜。

不仅对案件的审理主要取决于幕友的意见，而且衙门中整个审判活动的程序，一般也是由幕友一手经办的。这些程序主要有：

第一，代批呈词（诉状）。老百姓打官司，首先必须递交诉状，而这些诉状总是先经幕友批阅后再交衙门长官审阅，所以诉状是否受理，实际上是由幕友来决定的。

第二，签差传唤拘提。呈词（诉状）批准之后，接下去便是要传唤当事人、证人，拘提被告人，这一工作，通常也是由幕友决定的。

第三，确定审讯日期。命差役传集当事人及证人，决定审讯日期，也是幕友的职责。幕友一般是根据衙门长官的情况，确定审讯的日期和期限，但必须有宽裕的时间让衙门长官准备，以免临时手忙脚乱。不过日期一旦确定，就不能轻易临时更改。

第四，参与审讯。审讯案件虽然是衙门长官的事，幕友不能亲自出面，但通过在屏后旁听，协助主人审讯，指点审讯要点，引导审讯活动的顺利进行。

第五，代拟判决。这是幕友最主要的一项职责，也是幕友操纵审判的具体表现。一般来说，凡处以笞、杖刑的轻罪案件，州县衙门的长官可以当堂作出判决；而徒以上案件，州县衙门只能拟定判决意见。但不论当堂判决还是拟定判决，都是由幕友代笔的，尤其是拟定判决意见，对上级衙门的复审有着直接的影响，所以事实上对罪犯的判决很大程度取决于幕友。

拓展阅读

出身于胥吏的著名大臣

胥吏虽然地位低下，但若不甘于堕落，能奋发向上，最终也可成为一代名臣，名留青史。

中国历史上第一位出身胥吏的名臣，大概就要算是秦朝的李斯了。李斯青年时曾为郡中小吏，见厕中鼠与仓中鼠境遇的不同而感叹环境的重要，因此发愤学习帝王之术。后来出仕秦国，为秦统一中国作出了重要贡献，成为秦王朝建立后的第一任丞相。

汉初的几位朝廷重臣，如丞相萧何、曹参，御史大夫任敖，太仆夏侯婴等，都是由胥吏出身，他们为汉王朝的建立立下了汗马功劳。汉王朝建立后，也有不少胥吏出身的大臣对汉王朝的稳定和发展，起了重要作用。

丞相丙吉本为狱吏出身，虽贵为丞相，却以宽大为怀。尤其是他自己曾做过胥吏，所以对那些犯有罪过的胥吏，总是网开一面，以休长假的办法，解除职务了事。他对胥吏们隐恶扬善，使他们能改过自新。他知人善任，向皇帝推荐的几个丞相人选，都很称职。

唐朝初年的孙伏伽与张元素都是胥吏出身的。孙伏伽长期在刑部、大理寺等司法机关任职，最后出任大理寺卿，是唐朝初年较为著名的大法官。张元素长期任谏官及供职东宫，多次上书，提出不少有价值的意见和建议，是唐初有名的谏臣。

明朝历史上也有不少名垂青史的吏员出身的名臣。其中最为著名的，大概要算是徐晞了。

徐晞初为府吏时，有个财主为了夺取邻居的产业，竟诬陷他犯有杀人罪。邻人被官府抓去后，忍受不住酷刑，屈打成招。徐晞很同情他，便劝他家人去监司上控。监司接到上控后，将案件发回重审。经徐晞的大力帮助，这个邻人才得以被无罪释放。那人非常感激徐晞，总想找机会报答。一天他在路上遇到徐晞，把他拉到自己家中，好酒好菜招待。吃到一半，又借故走开，让自己的妻子去"侍奉"徐晞。没想到被徐晞严词拒绝：鬼神在上，决不为此等苟且之事。后来徐晞历任工部郎中、兵部侍郎之职，不久又因功晋升为兵部尚书。只是徐晞后来媚事大太监王振，因而为舆论所不齿。这是很可惜的。

第三章
衙门刑具与各种酷刑

古代衙门审理案件，总离不开刑讯。为了真正做到"重刑之下，何求不得"，一方面，对各种刑具及刑讯方法作了细致的规定，另一方面，还发明了种种新花样。在这形形色色、五花八门的刑讯面前，不是熬不住酷刑而屈打成招，就是活活被重刑折磨致死。漫漫黄泉路，有多少屈死在刑讯之下的冤魂。

第一节　衙门中的刑罚

■ 古代刑罚

原始社会，在舜禹统治时期，确认了不少有关处罚的规定，但那时并不成法，而只是以"习惯"的方式出现。例如，舜时已有了"将贪赃（墨）行为与劫掠（昏）杀人行为并列，一并处罚"的处罚习惯，体现了当时的社会已经注重对行政人员的整治和管理，严厉制裁渎职、贪污行为。而《汉书·刑法志》中说："（禹）自以德衰而制肉刑。"即禹根据当时人们道德日益衰败的状况制定了肉刑，据《尚书·吕刑》的记载，当时的肉刑为"劓、刵、椓、黥"四种。

中国第一个奴隶制国家——夏朝正式建立后，奴隶社会便逐步确立了"黥、劓、刖、宫、大辟"五刑制度，其中前四种仍为肉刑，大辟则为死刑。如据《左传·昭公六年》记载，夏朝所规定的犯罪有三千条。据《尚书·大传》《周礼》等书记载："大辟罪二百条，刖三百条，宫罪五百条，劓罪一千条，黥罪一千条。"

商代不仅进一步完善五刑，其中死刑除去斩刑外，还有醢、脯、焚、剖心、刳、剔等刑杀手段，可见商代刑法更为严酷。

西周则形成了以"圜土之制、嘉石之制"为名的徒刑、拘役等刑罚，并制定赎刑、流刑等制度作为夏商五刑的补充，这一时期的奴隶制刑罚发展到了成熟阶段。

春秋战国时期的刑罚仍然以五刑为主，残酷性并没有改变，商鞅被处死时，即用车裂之刑。这一时期为奴隶制刑罚向封建制刑罚过渡的阶段。

秦始皇统一天下后，其刑罚也出现了新的变化，主要有笞、徒、流放、死、肉、羞辱、经济、株连几大类。其中前五类相当于现代的主刑，后三类相当于现代的附加刑。然而，秦法的刑罚尚未形成完整的体系，因而有着明显的过渡特征。

汉代对刑罚进行了改革。汉文帝十三年，下诏废除肉刑，着手改革刑制。除废除肉刑外，还有秦朝的"连坐"罪，即株连也一并废除。至此，减轻刑罚的目的才基本实现。

除此以外，两汉时期还沿用秦朝及其秦朝之前的罚金、徙边等刑罚。当然，还有汉代专门为了禁止官吏结党，对有朋党行为的官吏及其亲属实行终身禁止做官的禁锢刑罚。

三国至南北朝的漫长时间内，刑罚体系和前朝相比，又有了质的变化。总体而言，刑罚最大的变化是日益宽缓。残害人身体的刑罚手段日益减少，并且，已经发展了新的封建制五刑。主要体现为四大方面，分别是：一、宫刑制度被废弛。二、增加了鞭刑和杖刑。三、规定流刑作为减缓死刑的制度。四、改变了缘坐范围，主要体现在对妇女缘坐的变化上，总的来说就是缩小了范围，但是，在司法实践中却多有扩大。

隋朝制定的《开皇律》把许多苛酷的刑罚内容一一删除。许多残酷的生命刑被废弛，死刑只保留了绞与斩这两大类型。对流刑、鞭刑等都在一定程度上作出了修改方案。

唐代时期，刑罚比前代都有了一定程度的减轻，尤其在死刑、流刑方面大为降低。死刑只保留了绞、斩这两种类型；徒刑只剩下最少一年，最多三年时间；笞杖条例也大为减少。唐朝律法被认定为我国古代社会最人性化的刑罚典范。

宋代时期，又增加了一些新的刑罚制度：一、刺配刑。宋太祖制定此刑的目的是为了宽恕死刑犯，所谓刺面，实际上是对犯人免除死刑的一种代替刑罚。二、凌迟刑。宋代时期，五代时期的凌迟就被重新确定为法定刑种，最初的时候，凌迟刑只是在那些荆湖之地以妖术杀人祭鬼的罪犯身上施行。但是，没想到在后来，凌迟刑的适用范围却日益广泛，大有愈演愈烈之势。三、折杖法。同样是宋太祖创立的刑罚制度，当做重刑犯的代用刑使用。但因存在良民受此刑罚后认为这是终身耻辱，无赖之徒受此刑罚后，除了感到一时之痛，过后没有一点愧疚之感的不足，因此，在宋徽宗时期，又对徒以下罪的折杖刑数重作调整，以便降低对轻刑犯的危害程度。

元朝的律法最初为习惯法，成吉思汗时期，设立了斩决、流放以及责打条子等刑罚，后日益向汉代的五刑体制过渡并施行。但是，因为元朝的死刑中缺乏绞刑，凌迟就变成了法定死刑。

明清时期，刑罚又有了新的变化，最为显著的特点是，刑罚变得愈加残酷，并将前代放弃的肉刑重新捡了起来。

明清时期的刑罚变化主要有以下几点：

1.死刑。明清时期，又将枭首示众这样的刑罚"复活"了，并且使用范围有不断扩大的趋势。除此以外，明清时期的死刑执行方面还增加了更加残忍的方式，例如，"剥皮实草""灭十族""戮尸"等让人听之就忍不住心惊胆战的酷刑。清代时期，还专门针对死刑犯建立了一个独特的制度，就是指斩立决和斩监候。

2.充军刑。明代制定了"充军"这样的刑罚，但是，明代时期并没有以充军作为本罪。而到了清代时期，充军则演变为流罪的加重刑罚，并把充军当成本罪，而且，充军条目比之明代也有了显著的增加。

3. 发遣刑。明代时期，制定了这样一种比充军更严重的发遣刑。不过，这种刑罚只适用于军官及军人，如果被判处此刑，就会被勒令其永远不得返回原籍。到了清代时期，又将这种刑罚发展到包括犯徒罪以上的所有文武官员，不过，清代时期被判此刑的人，还会有返还原籍的机会。

4. 枷号。明代时期创立的枷号刑罚，称得上是彻彻底底的耻辱刑，之后又演变成为一种致命的酷刑。到了清代时期，枷号刑主要针对一些伦理性和风化犯罪的人。

除此以外，明代还创立了廷杖制度。就是指宫廷中主要针对违抗皇命的大臣，并对其施以杖刑的法外刑罚。

从中国几千年的刑罚制度历史分析，刑罚由最初的报应刑已经向惩诫阻止刑的方向转变，刑罚形式也从主要的肉体罚转变为自由罚，刑罚适用则从以重刑为主转变为轻刑为主，这样的演变过程，可谓是中国历代以来社会历史发展与阶级斗争的产物，一方面是由统治阶级的属性决定，另一方面，也是和中国的传统法制文化思想与刑罚价值观念息息相关。

■ 简单粗暴的刑罚

唐朝的大臣魏徵一次与唐太宗李世民谈论怎样公正地审理案件时，讲了这样一件事：隋炀帝时，发生了一起盗案，杨广命于士澄将嫌疑犯全部逮捕，严刑拷问。在重刑之下，这二千余人都招供了，杨广便下令将他们全部处死。大理寺丞张元济见有这么多人，感到很奇怪，重新审查了他们的犯罪事实，发现除五人是真正的"盗"外，其余竟然全部都是屈打成招的无辜良民!

汉代有一个著名的"酷吏",名叫义纵。他为人正直,执法不避豪强,但同时也是一个杀人如麻的刽子手。他任定襄太守时,将监狱中关押的重罪犯和轻罪犯二百余人,连同前来探视的亲戚朋友,统统加上企图助狱的罪名,将他们全部处死,一日之内就杀四百余人。

至于"乱世",衙门长官草菅人命、滥杀无辜的事例,更是层出不穷。五代时,后汉大将史宏肇驻守京城,专行刑杀,毫无顾忌,不问罪之轻重,有理无理,一律处以极刑,受冤而死者的家属也不敢上诉。寓商何福殷杖责了私吞货款的家僮,家僮便向史宏肇诬告何福殷私通契丹,史宏肇便命部下将何福殷逮捕,严刑逼供,凡受此案牵连的人统统处以弃市之刑,他们的家财被统统没收,妻女也分给部下将士。另一位镇守青州的大将刘铢更是"立法深峻",吏民犯有过错,不论大小,从不宽免。稍不如意,便将人倒拖至数百步外,往往拖得体无完肤。在对人施行杖刑时,总是双杖对下,并称之为"合欢杖",或者根据被杖者的年龄来决定杖刑的数目,称为"随年杖"!

▲ 清代刑罚

明朝末年,扬州有个张老儿,家资富厚,膝下只有一子,叫做俊生,张老儿夫妇爱若掌上明珠。偏偏俊生长大后不学好,吃喝嫖赌无所不为,而且染上了同性恋的癖好。老夫妇管儿子不住,便替他找一个漂亮的媳妇,指望她能管住儿子。媳妇娘家姓吴,本名三姐。过门之后,倒也上下相安。

过了半月，俊生见三姐思念父母，便自告奋勇替她去探望，也没对自己的父母说一声就出门了。一去数日，音信全无。张老儿四处寻找，也没有找到任何踪影。正好三姐的父亲吴老得到信后，也不放心，叫自己的继子吴周来探望并打听消息。张老儿见吴周长得年青英俊，便一口咬定是他与三姐合谋杀死了俊生，不由分说便将吴周扭到县衙。这县官姓孔，此人清廉正直，也算得上是一个"清官"了，但他有一个最大的毛病，就是自信人若不是有大冤屈，是不会来告状的。所以在他手里，多数都是原告打赢官司。他先见到吴周，倒还没说什么，只是命传齐人证之后再审。数日后，将吴老夫妇同三姐等人传到县衙。孔县官一见三姐如此美貌，便起了疑心，心想如此美貌的女子，丈夫怎会舍下她独自一人离开？必定是她与吴周合谋杀死了俊生。于是不由分说，便用拶子将三姐拶起来，用夹棍把吴老和吴周夹起，要他们供认犯罪事实，但三人死也不招，夹打多时也不得口供。次日，孔县官又对他们严刑逼供，吴老年纪已大，受刑不过，死于狱中；但孔县官仍不罢休，继续对吴周严刑拷问，将他活活打死。吴老太太回家后也上吊自杀了。其实，俊生原来是在路上遇见一个英俊小生，一时高兴，被他骗走了身上的衣物，又遇到一伙歹人，将他拐带到外乡。等他历尽艰辛回到家时，岳家早已是家破人亡。三姐在狱中苦熬两年，受尽了酷刑，现在丈夫回来，证实了自己是清白无辜的，便也自缢身亡了。孔县官的一念自信，活活葬送了四条无辜的生命。

在小说《活地狱》中，有一位亳州知州单赞高，此人在用非刑滥杀无辜这方面，可算得上是集古今之大成。他上任后第一次放告，便将一个诬告他人抢钱的人关进站笼，不到两个时辰便弄死了。为了惩治"盗贼"，他专门"发明"了两套刑法：一是"五子登科"，即将犯人仰面放在门板上，先用四个铁钉钉住手脚，被钉者疼痛难当；然后用一根大钉子对着心口钉下去，被钉者眼耳鼻舌各处都喷出血后死去。另一种是"三仙进洞"，即将犯人仰面朝天，用两根短铁，一根压在胸膛上，另一根压在大腿上，两面的气不得流通，都聚集在肚子上，不多一刻，肚子已鼓得极其圆大，然后，用一根铁棍对着犯人的肚子打下去，一声响亮，早已是肝花五脏都"飙"了出来。凡是落在这位单太爷手里，尝试这种刑法的人，也只好自认倒霉，真是连虫豸也不如了。这位单太爷到任不及半年，就有近二千人死在他的酷刑之下。在他四十大寿的那一天，他的太太对他婉言规劝，他当面不说什么，等宴席结束后，竟将在押囚犯传上堂来，共三十一人，这些囚犯并没犯死罪，而且其中小毛贼居多，可这位单太爷却命将二十四人去上站笼，其余七人用"三仙进洞"的刑法打开肚子。一时间，差人的拖扯声、吆喝声，囚犯的号哭声、辱骂声，加上铁棍子打肚皮的声音，喧闹一堂，一片乱哄哄。不到两刻工夫，三十一个人都见了阎王，单太爷却大笑道："畅快。"

单太爷虽然是一位虚构的人物，但他的所作所为，却是当时衙门中的真实状况。清代的张集馨在自撰的年谱中，就记载了这样一位滥用刑罚、草菅人命的衙门长官——四川按察使刘喜海。这位刘大人身为一省的司法长官，凡各地解来的"盗匪"，不问真伪，一律先责小板四百，然后再审讯。其中有些供情不得、无法确定罪名的，即在大堂上当场重杖打死。更有甚者，将犯人押往城隍庙，令犯人跪在神像前，用抽杯珓（一种占卜凶吉的竹具）来决定生死，如果抽得阳珓，便可以免死；如果抽得阴珓，便在神像前乱杖打死。或是脑浆迸裂，或是肢体断折，惨酷不可言状，屈死的无辜百姓更是不可数计！

大凡衙门中的长官，都自认为是明察秋毫、清介廉明的清官。他们办案时，往往根据一些表面现象，主观臆断，先入为主，将自己想象的"案情"作为事实,并按照这个"事实"去审讯犯人。犯人们遇到这样的"清官",真是不死也得脱层皮,死了也无葬身之地。

在清人袁枚的《子不语》中,也记载一位自信英明,结果却弄巧成拙,不仅冤杀了无辜者,而且连自己的小命也赔了进去的"清官",他就是福建仙游县知县宋某。仙游县人专门还编了一首诗,警诫那些自信逞能的"清官"们,诗曰:

瞎说奸夫害本夫,真龙图变假龙图。

寄言人世司民者,莫恃官清胆气粗。

■ 斩刀之下必有亡魂

在古代,刀是执行死刑的主要刑具,而斩首则是古代执行死刑的主要手段,斩首用大刀。但先秦时的死刑有车裂、斩、杀等名目,而那时的斩不是斩首,而是斩腰。执行时,囚犯的身体伏在"椹质"上,刽子手用巨斧砍断其腰。因此,"斩"字的"车"部首,意味着如同车裂那样将人处死之意,偏旁"斤"字,就是指斧子之意,意思是行刑时用斧子而不是用刀。秦王朝以前,也有把人割头处死的刑罚,那称做"杀"。在那之后,就慢慢把"斩"引申为广义的杀,杀头的刑罚就称作斩首。斩首的刑具即斩刀。

秦汉时期,死刑包括斩、枭首以及弃市这三种类型,但实际上都属于斩首的范畴。区别在于,枭首指的是斩首后把人头悬挂在高竿上示众,弃市指的是把囚犯带到闹市当众处死;执行其他死刑(如绞、车裂等)后再将头割下来悬挂示众也称作枭首,所以,有时绞与车裂也需要用刀。在闹市执行其他死刑也称作弃市。汉和三国时期用得最多的是斩首,例如蜀诸葛亮挥泪斩马谡就是斩首。后魏时死刑叫做"大辟"(这是沿用先秦时称谓),包括腰斩、殊死和弃市三种,其中的殊死就是斩首。从隋朝起直至明清，都正式把斩首列为五刑（笞、杖、徒、流、死）中的死刑之一，处罚的程度在凌迟和绞刑之间。斩首作为一种官方正式执行的刑罚，直到现代才被枪毙所代替。

古代囚犯被斩首时，一般情况下是先由刽子手把囚犯反绑在木桩上，囚犯双腿跪地，头自然向前伸，刽子手挥刀从囚犯颈后向前下方突然砍去。但是，如果有特殊情况的时候，也可能会有其他残酷手段的附加。例如唐文宗大和九年（835年）甘露之祸时，宰相王涯等人被宦官仇士良逮捕，临刑时，刽子手把他们的头发解开，反系在木桩上，又把他们的手和脚分别绑在木柱上，用铁钉钉牢，然后开刀行刑。当时著名诗人卢仝本来没有参与反对仇士良的政治活动，只因逮捕王涯时，他正在王涯家中，于是他被顺手牵羊，一同被捕，同时赴难。卢仝是秃顶，没有头发往柱子上绑，刽子手就用一颗尖钉把他的后脑勺钉在木柱上。卢仝有个儿子，起名叫"添丁"，原意是为国家增添一名男丁，韩愈还作诗祝贺他说："去岁生儿名添丁，意令与国充耘耕。"后人附会说，卢仝如此惨死，是"添丁"二字成了谶语，死时竟然在头上添了一颗铁钉。

刽子手作为斩首的行刑者，通常都是些心狠手辣之人，他们不仅要有敢于杀人的胆量，而且还要经过一定的技术训练。尽管人的脖颈

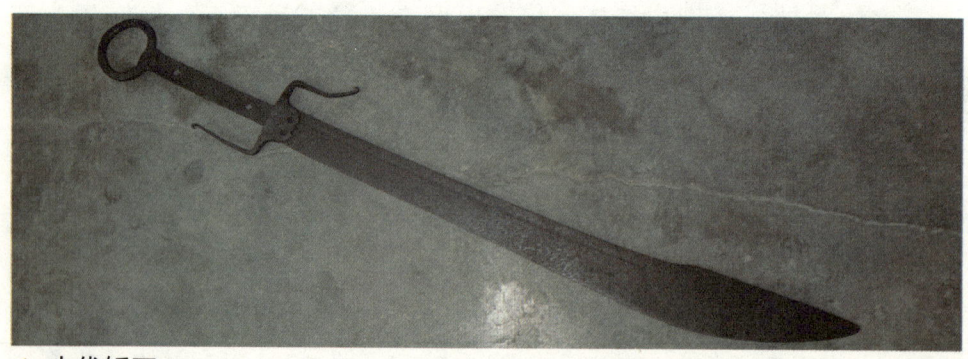

▲ 古代斩刀

十分纤细，但是，由于其中有颈椎骨，所以不花费一定的力气就不可能一下子砍断。有些犯人原本就孔武有力或身怀绝技，想要一下子把他的头砍掉并不容易，那时，刽子手就需要采取其他附加手段。例如，清朝伊始，有一个武将，名叫阿里玛，因为建立功勋而被提升到京城担任要职，但是，他进城后却横行不法，顺治皇帝就想要尽快除掉他，于是派遣另外一个名叫巴图鲁占的武官将他逮捕后，并命他押赴菜市口斩首示众。囚车途径宣武门的时候，阿里玛感叹地说道："我自知难逃一死，但我身为满人，不想让汉人看到我遭受砍头的刑罚，请你就在这城门里杀了我吧！"与此同时，他用脚使劲勾住城门瓮洞，令囚车不能前进一毫。巴图鲁占最终同意了他的请求，于是，他下令就在城门里对阿里玛行刑。当刽子手对他用刑的时候，阿里玛的脖颈就好比铁铸一般，砍刀竟瞬间失去了作用。这时，阿里玛告诉巴图鲁占说：你应该首先用刀割断我的脖颈，之后再砍，一定就可以了。巴图鲁占命令刽子手按照他的要求去做，这才将阿里玛的头颅砍掉。尽管阿里玛作恶多端，但他死去的时候也称得上悲壮了。

被斩首的犯人在临刑时一般都难免表现出对死亡的畏惧。例如秦朝的李斯，身为丞相，辅佐秦始皇统一六国，杀人屠城，焚书坑儒，治国平天下，表现得豪气十足；但秦始皇死后，他贪图禄位，委曲求全，反被赵高所执，临刑前，顾对其子曰：想和你牵黄犬出上蔡东门逐狡兔不可得也！说罢父子相抱痛哭。临终暴露出他是一个贪生怕死的可怜虫。杀人如麻的隋炀帝被叛军抓住，怕刀杀可怖，让叛军用他的腰带把他勒死，保住全尸。但是，也有一些不寻常的人具有某种坚定的政治信念、豁达的人生情操或傲岸不俗的性格特征，因此他们临刑慷慨激昂、从容自若，其生命在最后的一刻犹能迸发出明亮的火花，甚至让刽子手也感到胆寒心惊。例如：嵇康临刑时，面对死亡，从容不迫，索琴奏一曲《广陵散》，如泣如诉，成为千古佳话。

■ 活刑具：牢头狱霸

马牛、毒虫、虎豹都是刑具，而且是活刑具；监狱里也有活刑具，这就是牢头狱霸，而且这种活刑具比死刑具还厉害。

囚犯一入牢狱，就在牢头狱吏的管辖之下，这批胥役社会地位虽然不高，但他们实际控制了囚犯的生存处境，因此常常凭借着这点儿权力倚势敲诈勒索、摧残凌辱囚犯。五代时的眉州刺史申贵，以"诛虐聚敛"著称，他公然指使狱吏"令贼（被关押者）徒引富民为党，以纳其赂"，并"常指狱门曰：'此吾家钱穴'"。宋代的牢头狱吏"以狱为市"，公开索贿受贿，"若不得钱，不与燥地，不通饮食"；遇到无钱之囚则视作"犹犬豕，不甚经意，初有小病不加审诘，必待困重方以闻官，甚至死而后告"。尽管当时严禁狱内外交通勾结，但"有财者可使狱吏传状稿，通信息"；桎梏等禁具虽有定制，但"泥吏辈受赂，则虽重囚亦为释放安寝"，以至"有赀之囚，巧为敷说"，使之"诈病"，"渐为脱免之地"。在以宋代为背景的小说《水浒传》中，对这种"贿赂公行"的黑暗狱政有淋漓尽致的揭露。小说中的差役、狱吏，见了钱，犹如猫儿见了腥一般，什么法制、禁令都可以置诸脑后，统统可以灵活圆通。押送刺配的犯人，只要有钱，就可以去了行枷，要走就走，要停就停。犯人进监，都要打"杀威棒"，只要有了钱，就可以"有病"为名免打。钱能通神，这个价值规律在监狱里表现出的效果更为明显。

若穷人进监狱，可就惨了。明代甚至有"狱卒索要不遂，凌虐（囚犯）致死者"。清代的狱中贿赂，还有种种规格和名目，如"全包"，即花钱买通自门役到提牢主事以及有关衙门司官、茶房等全部人员："两头包"，即买内不买外，买上不买下；"撞现钟"，即犯人每有一行动要求，就得送钱，现使现报；"一头沉"，只用金钱贿买狱内牢头少受皮肉之苦等等。方苞在刑部监狱中亲眼见到，人犯入狱后不问有罪无罪，"必械手足，置老监"，使他们困苦不可忍，挨过一些时日，狱卒就来戏诱他们花费银两，纳贿多者当即可以取保迁出狱外，次一等的，花上数十两银子也可脱去镣铐。榨不出油来的极其贫困而又无依靠的囚犯，则被铐住不放，以此警告其余的犯人。

利用监狱中的惯犯来虐待欺负初进监狱的犯人，也是牢头狱霸们常用的手段。有人作诗说："此鱼肉耳好诛求，闲置空房饬速筹，有钱者宽无钱仇，欲壑不填怒不休。"这首诗形象地描绘出捕头狱卒鱼肉人犯的丑恶嘴脸。由此观之，牢头狱霸这种活刑具比不会动的死刑具又要狠毒得多。

古代封建专制统治下的监狱中的牢头狱霸，不仅以种种残酷的手段凌辱、敲诈勒索囚犯，而且还常常不经过司法审判程序非法处死囚犯，若从这方面来说，他们不仅是刑具，而且还是死刑刑具。

制造这类非法杀囚的罪魁祸首有的是最高统治者。在他们出于铲除异己而制造的冤狱中，有许多查无实据，无法定案，只能用这种暗杀手段来处死政敌。最典型的例子就是南宋时著名的岳飞冤狱。过去的一些史书和文艺作品，把这桩千古冤案描述成完全是奸臣秦桧一手造成的，而事实上，制造这起冤狱的主角，应是宋高宗赵构。当时在宋金和谈中，金方表示，"必杀飞，始可和"。于是，秦桧、万俟卨之流在宋高宗赵构的默许下，逮捕岳飞等人下狱。"飞坐系两月，无可证者。或教卨以章台所指淮西事为言，卨喜白桧，簿录飞家，取当时御札藏之以灭迹，取行军时日杂定之，傅会其狱。岁暮，狱不成，桧手书小纸付狱，即报飞死，时年三十九。"这里说的"桧手书小纸付狱"，就是给狱头们写了个条子，他们便以"莫须有"的罪名把岳飞杀害于狱中。明初的著名文士解缙也是这样不明不白地被处死的。永乐十三年（1415年），解缙已系狱多年，这一年"锦衣卫纪纲上囚籍，上见缙姓名，曰：'缙犹在耶？'"永乐皇帝的这一句话说得很含糊，它可能含有打算赦免解缙的意思，也有可能是说"解缙怎么还没有死掉？"纪纲不敢进一步追问，为保险起见，他从第二种可能去理解永乐皇帝的意思，在当天夜里"醉缙酒，埋积雪中，立死"。这里虽然未提到纪纲给狱吏们写条子，这肯定是狱头们所为，难道纪纲这类特务还须亲自铲雪埋解缙吗？

监狱中秘密处决的第二种类型是酷吏任意残杀。隋朝的酷吏田式"或僚吏奸赃、部内劫盗者，无问轻重，悉禁地牢中，寝处粪秽，令其苦者，自非身死，终不得出"。北宋元祐年间，知郓州蒲宗孟常虐杀狱囚，"使自掘地，倒埋之，观其足动，以为戏乐。"《金史·宗弼传》载，宗弼之子完颜亨在海陵王当政时被诬下狱，海陵王遣工部尚书耶律安礼、老僧等讯之，完颜亨"与其家奴并加榜掠，皆不伏"。老僧惧怕将来被完颜亨报复，遂"夜至亨囚所，使人蹴其阴间杀之。亨比至死，不胜楚痛，声达于外"。在明代特务机关锦衣卫所牢狱中，这类事更是司空见惯。英宗正统八年，"雷震奉天殿鸱吻，诏求直言"，当时有个侍讲刘球上疏抨击时政，触犯了当权的太监王振，奏疏根本没有到达英宗御前，便被王振扣下，指使锦衣卫逮捕刘球下狱，"振即令其党锦衣卫指挥马顺以计杀球。一夕五更，顺独携一校，推狱门入，球与董璘同卧，小校前持球，球知不免，大呼曰：'死诉太祖、太宗！'校持刀断球颈，流血被体，屹立不动。顺举足倒之，曰：'如此无礼！'遂肢解之，裹以蒲，埋卫后隙地。董璘从旁匿球血裙。寻得释，密归球家，家人始知球死。子钎、铖求尸，仅得一臂，乃以血裙葬焉。"尤其恶劣的是，这些酷吏往往在得知大赦命令之时，而大批杀害囚犯。

例如唐武则天时的酷吏来俊臣，"每有制书宽宥囚徒，俊臣必先遣狱卒，尽杀重罪，然后宣示"。南宋光宗末年，朱熹知潭州，后来光宗禅位于其子赵扩，朱熹得丞相赵汝愚密信，知即将大赦天下，"竟入狱，取大囚十八人立斩之。才毕而登极赦至。"

除此而外，由于不能满足牢头狱霸的要求而被处死者还是占多数："有狱卒要索不遂，凌虐致死者；有仇家买求狱卒设计致死者；有伙盗通同狱卒致死首犯以灭口者；有狱霸放债逼凶，满监尽其驱使，专利坑贫囚而致死者"。例如《水浒传》中的解珍、解宝因猎获的老虎被财主毛太公窃去，到毛太公庄上索要，被毛太公设圈套将他们拿下，以"白昼抢劫"为名，解往州府。

从以上概括枚举的几个方面来看，正如李伯元在《活地狱》结束时，借书中人物之口所说的那样，封建专制社会的"中国的监狱制度，真是黑暗到了极点！"封建统治者制造的冤狱，酷吏的残苛，牢头狱霸的狠毒，毫无疑问与专制统治有密切的联系，即使是牢头狱吏的私刑凌辱，也是由旧式监狱的本质所育成的恶果。陋劣的监房，非人的禁具，为他们的残苛提供了客观条件；单纯惩罚的狱禁目的，熏陶了他们的残忍本性；贿赂公行的官场腐败作风，导致了他们对所管制的囚犯进行敲诈勒索。正像法国伟大作家雨果所说的那样，这些人"就是监狱的化身"。而且，从某种意义上说，牢头狱霸这种活的刑具比监狱这种死的刑具更凶狠、更可怕，活的东西若丧尽天良，做起坏事来怎么想像都不为过。

■ 古代的另类刑罚

人们常常感慨道："一入牢门深似海"，在牢狱中，只有想不到的刑罚，却没有办不到的刑罚。以下几种另类刑罚更是能让今人感受到刑罚的残忍与极致。

1. 烹

这种刑罚就是用鼎镬之类器具将人煮死,俗语"下油锅"之说,即与此类似。商纣王为试试周文王是否为众人所说的圣人,便将其在商做人质的儿子伯邑考烹为羹送给文王吃。

烹这种刑罚在春秋时使用较多。中山之君曾烹乐羊氏,齐威王曾烹阿大夫。秦朝的大辟之刑亦有镬烹之刑。汉代的董卓曾烹李湦、张安,据说二人临入鼎时说:"不同日期生,乃同日烹。"汉以后则较少用此刑。

2. 剖心

这是一种将犯人的腹部剖开,将其五脏六腑取出致使人死亡的刑罚。据《史记·殷本纪》记载:商纣王不事政务、荒淫无度,比干屡次进谏,纣王早就听得不耐烦了,便以看看比干的心是否有七窍为由,将比干的心挖了出来。秦人的剖腹之刑与商纣王的剖心类似,秦惠王曾剖开一个人的肚子看他到底有没有偷吃御桃。宋代也曾用过此刑,《宋朝事实》卷十六记载:宋仁宗庆历四年(1044年),大宋官员就对广西少数民族起义的领袖施以剖腹刑,而且还嫌不满意,剖腹之后又施醢刑。

3. 脯

本指干肉,作为刑罚就是把人做成肉干,即暴尸。这种刑罚也是在商纣王时使用的。商纣王对九侯施加醢刑时,大臣鄂侯出来谏阻,陈述不应该对九侯加刑。纣王不仅不听其劝说,反而迁怒于鄂侯,对其实施脯刑。此外,传说纣王还曾"杀鬼侯而脯之"。

4. 笞杀

所谓笞杀就是用笞杖将人打死。战国以后,法有笞刑,但没有笞杀之刑。汉高祖时,曾将楚降臣丁公下吏笞杀。后来的汉灵帝时,也曾将上书攻击党人的永昌太守曹鸾行使笞杀之刑。宋辽时期使用这种刑罚较多，如宋太祖时李瑶、董延谔等都被杖打死。辽时，五院长官皆可杖杀部下、百姓。辽圣宗时，曾批判这种刑罚太过严酷，并因此罢免了一位官员，此后，官吏们便不敢使用此刑。

5. 弃市

即在市这样的人群较为集中的地方将人处死，其目的在于儆吓旁人，可以算做一种恐怖宣传。弃市的方法自秦代就有，南朝宋、齐、梁、陈，北朝魏均将弃市定为法定刑，而北齐、北周及隋唐以后的法律中，便不再有此种刑罚。弃市存在时，其致人死亡的具体办法不确定，有的为当众斩首，有的则当众使用绞刑。

6. 射杀

即用箭将人射死。《汉书·王尊传》中有这样一个故事：儿常以母为妻，其母来王尊处告发。而法律却没有规定此罪当如何处罚，因为这事太有伤风化，而这种行为又是罪不容诛，因此，王尊便以法外刑制裁，下令将不孝之子悬挂在树上，让五个骑兵将他射死。

辽代也用过此刑罚。一个叫肖古的女巫，向辽穆宗进献"延年药方"，须用男子的胆汁调和。穆宗使用此方数年，杀人甚多，却没见延年之效，便知自己受骗，将肖古射杀。

7. 投崖

这是辽代使用的一种刑罚，即把犯人从高崖之上抛下，将其摔死。据《辽史·刑法志》记载，辽代对一些身份高贵又犯了重罪的人，为维护其身份和尊严，一般不在公众面前执行死刑，而是采用"投崖"的方法将其处死，或强迫犯人自己投崖自杀。

8. 站笼

站笼，又称立枷，是明清时的刑具。《明史·刑法志》记载："自

▲ 站笼

刘瑾创制立枷,锦衣狱常用之。"清朝也沿袭使用。这种刑具使用时,有的用笼上的口卡住囚犯颈部,使其昼夜站立,直至死去;有的先在脚下垫上东西,用笼口卡住脖子后再撤出所垫之物,致使囚犯悬空窒息而死。清代多用其押解犯人示众,站笼旁边有招牌,写明犯人姓名和罪行,将其置于衙门前或闹市,或带其游街。犯人被锁在站笼里面如同困兽一样,头露在外面,任人观看,有羞辱之意。

9. 老虎凳

老虎凳是起源于清代的一种用于全身的刑具,起源虽晚,流传却广。使用这种刑具时,将犯人绑在一条板凳上,胸部绑一道,小腿上也绑一道,头发被束牢,然后将犯人双手反绑于凳下,把砖硬塞进犯人腰底下,渐次加塞到两块以上,有的甚至加塞到四块还不罢休,又要强搬双脚垫砖,这样往往会导致犯人脚骨断裂。

第二节　古代衙门酷刑

■ 齐天大圣的"紧箍"

看过神魔小说《西游记》的人，都不会忘记孙悟空头上的那个紧箍：唐僧只要一念"紧箍咒"，孙悟空就痛得在地上打滚，竖蜻蜓，翻筋斗，耳红面赤，眼胀身麻，到厉害处，把悟空那个铜铁一般的头，勒得似个亚腰儿葫芦。天不怕地不怕的孙悟空，在这小小的紧箍面前，竟然服服帖帖！

这个威力无边的紧箍，并不是小说的作者平空想象出来的。它的原型，就是当时衙门中审讯犯人时所常用的刑具，名叫"脑箍"。

据记载，脑箍这种酷刑，最初是唐朝武则天时的酷吏发明的。在审讯犯人时，用铁圈箍在犯人的头上，再用木楔敲进去，使铁圈勒紧，严重的使囚犯脑裂髓出而死。当时有不少无辜者就是死于这种酷刑之下。南宋理宗时，地方衙门中也常用脑箍来审讯犯人。这种脑箍是用绳子缠在犯人的头上，再用木楔插进去，使绳子勒紧。虽然脑箍是一种"非法"的刑讯方法，但衙门审讯犯人时，却常常作为一种"保留节目"。

存《警世通言》第十五卷《金令史美婢酬秀童》中，苏州昆山县的户房吏金满看管的库房里的银子被盗。怀疑是自己的义子秀童所偷，便串通了县衙里的捕快，将秀童抓起来非刑拷问。板子打，拶子拶，夹棍夹，样样刑具都用过了，但秀童还是没有招。其实秀童本来就是无辜的，要招也无从招起。再说按照《大明律》的规定，禁止捕盗差役私刑拷打；若私刑拷打审出真情的，还可以将功折罪，否则罪当反坐。因此，他们为了逼秀童招供，拿出了最厉害的一手，用脑箍套在秀童的头上，用力收紧，这是拷问盗贼用的极刑。秀童上了脑箍，眼睛内的眼珠都涨出寸许，死去活来好几次，实在受不住，只得胡乱招供了。

在小说《活地狱》中，有一位徐州府桃源县的魏知县，此人是个杀人不眨眼的魔君。他为了逼取犯人的口供，专门叫铁匠打了一个铁箍，就如孙悟空头上的紧箍一般，两边装有皮条。行刑时，由两个有力气的差役，一边一个，拿住两头用力一抽，这铁箍就会自然收紧。这样不用抽上三四下，受刑的囚犯头痛脑胀，两个眼睛爆了出来，这副形状，简直比法场上绞死的还要难看。魏知县造出这个刑具后，从监牢里提出几个没有口供的囚犯来做"试验"。他先拣一个瘦弱的提上来，给他套上脑箍，谁知抽不上三抽，就早已昏晕过去，满头满身的汗珠子有黄豆般大小，人好像没气了。松刑之后，将他抬在一旁，大约过了一个半钟头，才见这人的两个眼珠慢慢的收拢转来，喉咙中间也渐渐地有了出进的气。于是这位魏知县又拿这脑箍去收拾别的囚犯。囚犯尝到这种酷刑，招也是死，不招也是死，反正将来总是一死，便也犯不着再来吃这种苦头，所以竟然没有一个不招的。凡是经过这脑箍箍过的人，两只眼睛没有不突出来的，因此人们也就送了这脑箍一个美号，叫做"盼佳期"，并有《西江月》词一首，专说这脑箍的：

　　说是佳期已近，那知大限临头。

　　眼睛突出血交流，吓得旁人乱抖。

　　岂止头昏脑胀，直教性命全休。

皮条犹是两边抽，亏你具兹辣手！

■ "皮开肉绽"说杖刑

杖，亦称为讯杖，是我国古代衙门中审讯囚犯时最常用的刑具。用杖进行刑讯的方法称为"掠""掠笞""捶楚"等，俗称"打板子"。最初用杖进行刑讯，并没有什么限制。秦朝末年，赵高专权，诬丞相李斯父子谋叛，对李斯"榜掠千余"，结果李斯忍受不住而被迫承认。

西汉初年，赵相贯高企图刺杀刘邦未成，被捕下狱。刘邦为逼他供出背后的主谋，对他"榜笞数千"，打得他浑身溃烂，没有地方可以受刑。

东汉的缪彤为召陵县小吏，受牵连入狱，因不肯自诬，结果受到杖刑拷打，以至于全身伤处都生满了蛆。至于受刑不住而死于杖下的，更是不计其数。东汉时还有一个以"晓达政事，能断察疑狱"著称的王吉，在任沛相时，郡中凡犯杀人罪的罪犯，一概在车上碎尸，周游所属各县示众，夏天尸骨腐烂，就用绳子将尸骨连起来，见者无不骇然恐惧。他在任五年，所杀之人不下万余，其余惨毒刺刻者不可胜数。

从南北朝开始，逐步对刑讯所用的杖作了一些规定和限制；至隋唐法律明确规定，刑讯所用的杖称为"讯囚杖"，用竹或荆条制作而成，削去节、疤，长三尺五寸，大头径三分二厘，小头径二分二厘，比执行杖刑时所用的"常行杖"的分量重。刑讯的总数不得超过三次，每次刑讯的间隔为二十天，总数不得超过二百，分别打在背部、腿部和臀部，不能集中打在某一部位，而且执行刑讯时不能中途换人。如果打满法定数目后犯人依然不招供的，就要取保释放。但事实上，不依规定，滥用笞杖刑讯的大有人在。当时浙西观察使王遂讯囚所用的杖，就比规定的重出许多。

宋朝虽然也沿用了隋唐的规定，并对讯囚时所用的杖作了更多的限制，可是衙门官吏们常常用未经刨削的毛竹板、荆条等来施刑，有的甚至增加拷打次数和重量。《水浒传》里的白胜，因不肯招出晁盖等人，被连打三四顿，打得皮开肉绽，鲜血迸流，最后还是打熬不过，被迫招供。

明朝正德年间宦官首领刘瑾专权，御杖的刑罚更为酷烈。正德元年（1506年），刘瑾把大学士刘健、谢迁赶出京师，激起士人共愤，给事中艾洪、南京给事中戴铣、御史薄彦徽等二十一人，或独自署名，或数人联名，上疏请求保留刘、谢二人，同时弹劾刘瑾和另外两名宦官马永成、高凤。刘瑾在武宗面前添油加醋地进谗言，请得圣旨，将这二十一人全部逮捕，各用御杖杖打三十。其中戴铣受刑最重，当时即死于杖下。御史蒋钦三次上疏，三次被杖打，每次杖责三十，第三次受杖打后过了三天即死于狱中。明朝著名的思想家王守仁当时任兵部主事，也上疏救戴铣，刘瑾假传圣旨，把他御杖五十，打得死去活来，之后又将他贬官到贵州龙场驿丞，把他放到一个最苦的地方去受罪。

此外，明朝著名的清官况锺，以礼部仪制司郎中出任苏州知府，奉旨可以"便宜行事"。他上任后，先不动声色，凡属吏有所请，都批准照行，而在暗中将他们种种不法的劣迹调查得清清楚楚。到任一个月后，他在府衙大堂摆下香案，召集僚属宣读圣旨，圣旨中有"僚属不法，径自拿问"等语，然后唤那些胥吏上前，一条条宣示他们的劣迹，那些胥吏吓得大气也不敢出。宣示完毕，况锺唤出四个身强力壮的大汉，从胥吏中拉出一人，用力往上抛，落下来后没有摔死，况锺大怒，命四个大汉必须将胥吏摔死，否则将他们全部处死。结果那个胥吏被摔得脑浆迸裂而死。就这样，先后接连摔死了六个胥吏，陈尸闹市。不但那些胥吏们吓得魂不附体，郡中百姓也不寒而栗，畏法而不敢犯。

明朝以后,刑讯的杖更是花样百出。有的是刑伤未平,又继续拷打;有的则是在拷打后,待犯人刑伤肿起,然后继续在伤肿处施刑;有的则别出心裁地在杖上装卜刀、铁钉等拷打犯人;有的甚至用带刺的刷条抽击犯人的背部,使芒刺钻入肉中,然后再一根一根拔出来。真可谓是五花八门,骇人听闻。

小说《活地狱》里,有一位"断案精明"的"好官"——阳高县知县姚明姚太爷。此人不打人则已,一打总是一千起码。一个叫张进财的百姓为了三吊钱的官司,被这位姚太爷打了一千板子,屁股上打出了两个窟窿。他调任广东当差后,专门在铁匠铺里打了两根铁板子,作为审讯"盗贼"时用的刑具。这铁板子打在大腿上,只消两三下,就要开花。打上十几板子,大腿上的肉都会一片片的飞起来,连肉带血的飞得到处都是,等血肉飞完,便露出骨头。到这时,这位姚太爷便命掌刑的差役用铁板子敲骨头,敲得壳壳地响。有的还将骨头敲开,

▲ 清代杖刑

骨髓"飙"出来好几尺远。有的已半死不活了，干脆用铁板子朝脑袋上打，不到两三下，脑浆迸出，呜呼哀哉了。就这样，一天总得打死十几个或二三十个不等。天天打的人多了，那廊檐上的一盏羊角灯都被溅得血肉模糊，两衙的柱子上、槅扇上，也都是一滴一滴的血，地下就更不用说了。如此惨毒的讯杖，堪称是空前的了。

这些"能吏"们，政绩都有可称道处。他们所杀的，也大都是土豪劣绅、贪官污吏。然而，他们的手段之残忍，却是骇人听闻，何况其中不少依法并不应当被处死，更有不少人完全是无辜的，却同样地惨死于他们的酷刑之下。"明镜高悬"的背后，究竟有多少屈鬼冤魂，恐怕没有一个人能够说得清楚。

■ 双脚尽失的刖刑

刖刀，是刖刑用的刑具。刖刑，亦作跀刑，也称剕刑，剕也作非，是中国古代刑法的五刑之一。刖刑是断足之刑，就是把犯人的脚砍掉。

《尚书·吕刑》篇有"剕辟疑赦"一句，后传云："刖足曰剕刑。"后又疏云："剕，刖也。"许慎《说文解字》也说："刖者断绝之名，故削足曰剕。"周代的五刑，《周礼·秋官·司刑》说是"墨、劓、宫、刖、杀"，《尚书·舜典》说是"墨、劓、剕、宫、大辟"，其中的刖和剕其实是一个意思，都是指断足。但也有人说，剕和膑的意思相同，"膑"又作"髌"，本意是人的膝盖处的那块活动的骨头，引申为用刀把膑骨剔去的刑罚。《白虎通·五刑篇》将"剕"写作"腓"，云："腓者，脱其膑也。"《汉书·百官公卿表》颜注云："剕，去膑骨也。"其他书中谈到刖刑，有的说是断足，有的说是剔膝盖骨，也有的说刖、腓和膑的意思相通，诸说纷纭，莫衷一是。现在，我们也很难把它们严格区分开来。总之，它们都是施加于人的腿或脚而使人不能行走的刑罚。

用刀刖足是一种非常古老的刑罚。远古时期，三苗的虐刑之一就有膑。尧舜时作象刑，规定用穿草鞋代替刖足，《慎子》中云："以菲履当刖"，即指此；并规定用黑布蒙住膝盖并画上标记代替膑刑。可见，在这时刖和膑的名称都已经出现了，但当时中原还没有实行这种刑罚。至夏朝始有肉刑，当包括刖足在内。商代出现了敲断人的腿骨的做法，这实际相当于刖足之刑。《尚书·泰誓》中提到：某年一个冬季的早晨，寒风凛冽，纣王和他的宠妃妲己身穿狐裘在鹿台观赏雪景，看见远处有一老一少两名男子涉水过河，那年轻人毫不犹豫地趟过去了，那老者却显出怕冷不敢下水的样子。纣王问妲己这两人的表现为什么不一样？妲己回答说："那年轻的血气正旺，腿中的骨髓充满，所以耐寒；那老头精力衰竭，腿中的骨髓减少，所以怕凉。"纣王命令武士把那两名男子抓来，当场砸断腿骨察看，两人的骨髓多寡果然不同。

到了周代，用刀刖足的事例见于史载的就更多了。例如春秋时，楚国人卞和在山中得到一块玉璞，把它献给楚君蚡冒，蚡冒让玉工辨识，玉工说是块石头，蚡冒认为卞和欺骗他，就砍掉了卞和的左脚。不久蚡冒去世，武王即位，卞和又带玉璞来献，武王让玉工鉴别，玉工又说是块石头，武王也认为卞和欺骗了他，就砍掉了卞和的右脚。又过了好多年，武王去世，文王即位，卞和再也不敢轻易献宝了，又想自己进入暮年，恐宝贝无出头之日，于是他便抱着自己的那块玉璞，坐在荆山下痛哭，一直哭了三天三夜，泪水哭干了，眼睛里流出鲜血来。楚文王听说了，派人问他："天下受过刖足刑罚的人太多了，你何必哭得那么悲痛呢？"卞和说："我岂是为自己所受的刖足之刑而悲伤，我所悲的是，真正的宝玉却被认为是石头，高洁的志士反倒认为是骗子。我垂垂老矣,宝物与我俱没,所以忍不住痛哭。"文王派玉工雕琢卞和的那块玉璞,果然得到一块稀世珍宝,于是便命名为"和氏璧"。这段故事出自《韩非子·和氏》篇,原文第一次是献给楚厉王,查楚世系未见厉王,当为蚡冒。这则故事说明,我国历史上老官僚多,假专家更多,卞和若不是遇上楚文王,他与他的宝物不是如同粪土吗?

这块和氏璧后来又引发了不少生动的故事。和氏璧后来流落到赵国,蔺相如不畏强秦,使宝物"完璧归赵"而被赵王封为上卿;秦统一中国后,将和氏璧刻有"受命于天,既寿永昌"八个篆字的皇帝所用的玉玺,这即是后世历代帝王你争我夺的传国玺,这是后话,我们姑且不去管它,只是卞和为了献宝,两次受到刖刑,双脚都被砍掉,着实令人痛惜。

后来,各诸侯国互相攻战,各自为政,各国国君对臣下或百姓动辄用刖刀刖足,法律规定应受刖刑的条款也相当繁多。例如卫国曾规定,私自驾驶国君乘坐的专车外出,就是犯刖足之罪。有一天夜里,卫灵公非常宠爱的幸臣弥子瑕得到家里人报信,说母亲病重,他仓促之间就驾着卫灵公的车子赶回家去。卫灵公知道了,不但未加罪,反而称赞他的孝行。弥子瑕违规犯法而未受刑,是因为他的美色,正受卫灵公的宠幸之故,这只是一个特殊的例子,一般的人若犯下此类罪过,是难逃刖足的处罚的。

▲ 孙膑

如《左传》记载，鲁庄公十六年（公元前 678 年）郑国刖强鉏之足；僖公二十八年（公元前 632 年）卫侯刖针庄子之足；成公十七年（公元前 574 年）齐国刖鲍牵之足等等。

战国时，用刖刀断足或剔去膝盖骨也是常见的刑罚。著名军事家孙膑的故事便是典型的事例。据《史记》记载，魏惠王时，庞涓仕魏为将军，他忌妒同学孙膑的才能，便把他召来，设计"以法刑断其两足而黥之"（《史记·孙子吴起列传》）。所谓"刑断其两足"，显然是用刖刀断其两足的意思。东汉王符的《潜夫论》记此事云："孙膑修能于楚，庞涓自魏诱以刖之。"这里便明言是刖足，但也有人说孙膑受的刑罚是被剔去双膝盖骨。还有人说，孙膑的原名已不可考，因为他受了膑刑，所以被人称为孙膑，而膑刑就是去膝盖骨（褚人获《坚瓠续集》卷四）。司马迁在《报任少卿书》中也说："孙子膑脚，兵法修列。"所以，历史上关于孙膑所受刑罚有两种说法，至今仍未有定论，两说并录之以存疑。

汉初，吕后残害戚夫人，把她的手脚都砍掉，扔到厕所里，称为"人彘"，还让惠帝刘盈去参观，惠帝见戚夫人没手没脚、血肉模糊的惨相，竟吓出一场病来。吕后的手段，属于非法报复一类，施刑时无所不用其极，在历史上留下了惨烈的一页。

明代是滥用刑罚的时期，用刖刀砍足又被重新使用了。洪武二十二年（1389 年）三月，太祖朱元璋下旨，莫名其妙地规定："蹴圆的，卸脚。"即对踢足球者，要处以刖足的刑罚。当时龙江卫的指挥伏颙和本卫的小旗（士兵）姚晏保二人蹴圆，就被砍去右脚，全家发配到云南（顾起元《客座赘语》）。燕王朱棣发动靖难之役时，建文帝的刑部尚书暴昭也被砍断了手和脚。

■ "奇耻大辱"的宫刑

宫刑，是古代割除男女生殖器的刑罚；宫刀，是施行宫刑的刑具。在人类社会之初，各民族都有过狂热的性器官崇拜和生殖崇拜，进入阶级社会以后，也都特别重视传宗接代和血统继承。割除生殖器官，对他本人来说，毁灭了他的人生乐趣；对其家族而言，剥夺了他遗传的权利。俗言"不孝有三，无后为大"，因此，宫刑是对人的非常严酷的惩罚。在远古的五刑中，宫刑重于墨、劓和刖，仅次于死刑。

宫刑早在尧舜时就有了。尧时有象刑，就是规定犯罪者穿戴的服饰要和一般人不一样，以示惩戒。其中犯宫刑的人要穿草鞋。《初学记》卷二十引《白虎通》说："犯宫者履杂扉。""扉"字同"菲"，就是草鞋。《荀子》中也有"菲对履"的话，唐代学者杨倞注云："菲，草履也。"说明这时已经有了宫刑的名称。舜曾赞美主管狱讼的名臣皋陶说："汝作士，五刑有服。"舜时的五刑当包括宫刑，不过只是用来对待蛮夷，而对于本部落里的罪人并没有真正使用。舜以后，禹时才正式施行了宫刑。《汉书·刑法志》说："禹承尧舜之后，自以德衰，始制肉刑。"宫刑即是禹制定的肉刑之一。

宫刑就是用宫刀割除男女的生殖器。《尚书·吕刑》篇："宫辟疑赦，其罚六百锾，阅实其罪"一句之后，汉代学者孔安国作的传说："宫，淫刑也。男子割势，妇人幽闭，次死之刑。"唐代学者孔颖达作的疏引伏生《书传》，进一步解释说："男女不以义交者其刑宫。"《周礼·司刑》注也说："宫者，丈夫则割其势，女子闭于宫中。"可以看出，宫刑的出现，是人类实行一夫一妻制的社会以后，为了维护这种一夫一妻制的婚姻秩序，也是为了维护血统继承的纯粹性而制定的惩罚措施。尧舜禹时期，正是中国古代由父系氏族社会向阶级社会的过渡时期，随着私有财产制的产生，一夫一妻制家庭要求稳定，这时制定宫刑正是适应了社会发展的需要，也反映了当时人们的社会观念和道德意识。

宫刑也称腐刑。对"腐"有两种解释：一种解释认为，受宫刑者绝生理，不能生育后代，如木之朽腐不能再生根发芽、开花结果，故称腐刑；另一种解释认为，男子被割除生殖器官后，数日内其伤口散发出肌肉腐烂的臭味，所以称为腐刑。但不管哪种解释，宫刑都实质上破坏了人的生殖能力，不仅剥夺了人性一个方面的欢乐，也不能生儿育女，繁衍后代。所以有人曾谑称这种刑罚为断子绝孙刑。人被阉割时必须避风寒，否则会断送性命。因此，在施行宫刑时，必须有一间暗室，里面不通风，不透光，并且要生火取暖，让受宫刑者住在里面，像养蚕于温室中似的，百天以后伤口完全愈合，才能到外面自由行动。所以，又称宫刑室为下蚕室。

宫刑对女性犯人则施以幽闭，对幽闭有不同的解释。比较通行的说法认为：幽闭即是将"女子闭于宫中"，或者说是"执置宫中不得出"。另一种意见认为：幽闭是用棍棒击打女犯人胸腹部，把子宫压离正常位置，堕入腔道，使人不能交接及孕育。

宫刑之酷，不仅造成人肉体上种种痛处，也使人的精神受到严重摧残。例如汉代司马迁受刑后，满怀切肤之痛说："人固有一死，或重于泰山，或轻于鸿毛，用之所趋异也。太上不辱先，其次不辱身，其次不辱理色，其次不辱辞令；其次诎体受辱，其次易服受辱，其次关木索、被箠楚受辱；其次剔毛发、婴金铁受辱；其次毁肌肤、断肢体受辱，最下，腐刑极矣"，

"故祸莫憎于欲利，悲莫痛于伤心，行莫丑于辱先，诟莫大于宫刑"，"每念斯耻，汗未尝不发背沾衣也"，并想"引决自裁"。因此，后世不少仁人正直之士多次提出废除宫刑的建议。有的朝代曾加以采纳，废除了宫刑，也有的朝代又将宫刑恢复。

太监在宫廷供职，经常接近皇帝，有一定的特权。唐朝的仇士良，明朝的王振、汪直、刘瑾、魏忠贤等，都曾一度独揽大权，地位在宰相之上。历代相当多的人看到当太监有利可图，就甘心情愿的自动阉割，以挤进太监的行列，然后沿着宦官的阶梯，登上政治的舞台。因此，古代出现了许多自我阉割的人，这便是封建社会的奇特现象——自宫。自宫是为了往上爬而不择手段的歪门左道。

封建时代的自宫者，除了要求入宫希图富贵的那一类人之外，也有其他的情况。例如明代嘉靖时，福建人柯维麒任户部主事，为了集中精力撰著《宋史新编》，决心以司马迁为榜样，摒除男女之欲，抛弃床第之欢，就自己割去生殖器以明志。这老兄也真太书生气了，难道男女之情就一定会影响事业的开展吗？又万历年间，莆田人王继祀，少年时读书非常勤苦，他为自己时常萌发男女情欲而烦恼，就自行割去睾丸，而纯其心。这些自宫者为了学习和事业而绝男女之欢，志气可喜，精神可许，而实无必要。

拓展阅读

坚贞不屈的仓曹橡戴就

东汉时，会稽郡管理仓库的仓曹橡戴就被诬与本郡太守的贪污案有关。

负责受理此案的部从事薛安将戴就逮入钱唐县监狱，用各种刑具对他严刑拷问，五毒备至。但戴就依然慷慨直辞，坚贞不屈。薛安为了从他口里得到供词，竟命狱卒用烧红的铁斧夹在他的肘腋之下。每次上刑时，戴就总是将先前吃的饭含在嘴里不肯咽下，当铁斧烙在身上，肉烧焦灼烂后落在地上，他便从容地拾起来，和着饭食一起吃下去。

负责审讯戴就的狱吏用尽了各种惨酷的刑罚，都无法使他招供，便又想出了一个新花样，让他睡在覆船之下，用马粪来熏他。熏了两天一夜，人们都以为他已经死了，等掀起船一看，只见戴就张眼大骂说，为什么不再添火熏呢？

狱吏见他还是不肯招供，便又用大铁针刺进他的指甲里，十指的指甲都落了下来，但种种酷刑仍然无法使他招供，连负责此案的薛安也被他这种坚贞不屈的气慨所慑服，被迫将他无罪释放。

戴就不过是不肯证明太守有贪污行为，就备受种种酷刑的拷打。他所受的刑罚，已远远不止"五毒"。不过他在这种"五毒备至"的拷打下能熬到活着出狱，也可以说是一个"奇迹"。正如《文献通考》中所说的那样，那些与戴就一样不肯诬服而被"五毒"酷刑折磨致死的人，不可胜计。

第三节 "人间地狱"——衙门监狱

古代监狱作为衙门的一个部分，它的主要功能是关押等候审理、判决的"犯人"以及其他违法人员和有关人员。尽管历代封建法律对监狱的管理、对囚犯的待遇等都有明确的规定，严厉禁止凌虐狱囚，但在衙门官吏和那些差役们看来，囚犯们受虐待是咎由自取；对囚犯进行虐待，似乎也是伸张"国法"和"正义"的手段，自然也就是"理所当然"了。因此，监狱中的囚犯成了衙门官吏和差役们随意凌虐、欺诈、残害的对象；这一座座监狱成了囚犯们的人间地狱。

■ 中国古代监狱与狱官的设置

我国古代从奴隶制到封建制，历代统治阶级为了镇压人民和调整统治阶级内部的秩序，利用他们掌握在手中的政治权力，都先后建立了各种不同类型的监狱，并且设置了掌管各级监狱的官吏。

我国古代监狱的设置，从它的发展上看，起自三代，发展于春秋战国，到了汉代基本上趋于完备。汉代以后的一千余年中，随着封建专制主义中央集权制度的加强，在监狱的设置上也逐步有了加强。

古代的监狱，作为一定经济基础的上层建筑和国家机器的重要组成部分，它的设置是随着所有制的改变而改变，随着阶级斗争的发展而发展。奴隶制的监狱和封建制的监狱，虽然同属于剥削阶级的社会形态，但由于所有制的不同在设置上也不尽相同。夏、商、西周以及春秋时期的监狱，它的设置和任务主要是镇压奴隶的反抗，巩固奴隶主阶级的统治，公开实行报复主义，囚禁未决犯和其他临时需要囚禁的人犯。其后，随着奴隶制的解体和封建制的建立，自战国以后二千余年的封建社会中，历代监狱的设置和镇压的锋芒主要指向敢于反抗封建统治阶级的广大农民阶级和其他劳动人民，公开实行复仇主义和威吓主义，既拘押未决犯，也看管已决犯。在奴隶社会和封建社会里，历代奴隶主贵族阶级和封建地主阶级，对于其统治阶级内部敢于违反本阶级的根本利益和统治秩序的人，虽然也要镇压和拘禁，但与对广大的奴隶和农民阶级的镇压和拘禁在本质上是有区别的，在监狱的设置和拘禁的手段以及狱具的使用等方面也是不尽相同的。所有这些都充分地反映了我国古代监狱在设置上的本质所在。

随着历代监狱在设置上的完备程度，监狱官吏的设置也随之而有了加强。马克思在《拉萨尔》一书中指出："政府当局的存在正是通过它的官员、军队、行政机关、法官表现出来的。如果撇开政府当局这个肉体，它就只不过是一个影子，一个想象，一个虚名。"中国奴隶制和封建制国家的统治者，为了强化奴隶制和封建专制制度，提高司法统治效能，他们也深深懂得只有通过国家各级官吏的作用，国家的职能才能有效地发挥，国王和皇帝的专制权

▲ 古代监狱外景

力才能顺利地行使。因而他们对于国家官吏（包括司法与典狱官吏）的管理与使用是十分重视的。尤其到了封建社会中后期，随着中央集权的高度发展，中央对地方司法机关和监狱的管理以及司法与监狱官吏的控制又进一步地得到了加强。

我国古代由于司法与行政不分，审判与行刑合一，因此，古代的监狱不过是司法官署的附属物而已。同时行政官员兼有司法官之职，而司法官又兼有执行刑罚之权，所以监狱官吏亦多由行政官员兼任。一些专任狱吏也往往受上级司法与行政官员的双重支配。

从全国来说，国王和皇帝既是国家的行政首脑，又是最高的立法者和执法者，兼任国家的最高裁判官，总揽国家的行政、司法审判，握有生杀予夺的最后决定权。同时，国王和皇帝也是全国最高的典狱官。对大狱的审理及罪犯的囚禁，国王和皇帝可以肆意决断，任性裁决；为了标榜"仁德"，笼络民心，欺骗人民，他们又玩弄镇压与宽宥的两手统治策略，实行所谓"悯囚""录囚""大赦""特赦"等的宽宥政策。国王和皇帝集行政、司法、典狱之大权于一身，是我国古代司法与行政不分，审判与行刑合一的专制独裁的典型。

中央虽有司法机关，但从属于国王或皇帝控制下的中央各行政机构，司法权受行政权的干涉和支配，无所谓司法独立。同样，中央虽有各类诏狱和狱官，也仍然受到中央各行政机构和司法机构的双重支配，无所谓独立的监狱设置，监狱官吏亦多由行政或司法官员兼任，三者职权合而为一。所谓专任狱吏，也要受上级行政和司法官员的直接支配。

地方一般不设专门的司法机关，监狱从属于地方行政机构，由行政机关兼理审判和监狱管理，地方司法权与监狱管理权直接由地方行政长官掌握。所属司法官员与监狱官吏也直接受地方行政长官支配。

我国古代由于监狱和监狱官吏所处的特定地位，一方面，监狱官吏是奴隶制和封建制国家所掌握的执行刑罚的专政工具，在国家统治者的支配和纵容下，握有执行刑罚和镇压人民的特殊权力。因而历代皆有酷吏横行，刑罚枉滥，狱吏上下相驱，以刻为明，有所谓"狱吏之贵，已胜王侯，狱卒之弊，恒有苛虐"之说。历史上的酷吏张汤、杜周之辈，可以专横一时，周勃虽曾将百万军亦知狱吏之贵。司马迁身为太史令见狱吏亦则头抢地。周兴、来俊臣之流，可以追功上皇，专任刑杀，罗织罪状，以陷良善，肆无忌惮地对劳动人民进行残酷的镇压。从而暴露了古代狱官的野蛮和残暴，充分反映了他们反动的阶级本质。另一方面，由于古代的监狱官吏，又是受行政和司法官员的双重支配，因而在中国古代的官职中他们的地位也是卑下的，所谓治狱之官，为世诟病。所以，古之狱官，向为世人所轻视，由于他们的残酷和苛虐，也向为世人所憎恨。

■ 中国最早的监狱：圜土

我国古代的监狱，与现代意义上的监狱性质有所不同。现代的监狱，是对罪犯实施惩罚和改造而设置的专政机构；而古代的监狱除具有上述性质外，还是对诉讼当事人、嫌疑犯和证人的管收处所及各种犯人的羁押场所。

历史上出现了国家便有了监狱，我国有史以来最早出现的监狱形态，由夏朝起源，商朝发展，西周完善，经历了规律性的发展过程，呈现出第一个马鞍形的运作轨迹。夏朝的"圜土"与商周的"狱"，都体现了监狱作为国家的实体附属物与阶级压迫工具的特殊职能。

夏朝的监狱是伴随着审判机关与诉讼活动的产生而发展起来的。据文献记载："皋陶造狱法律存。"《竹书纪年》载："夏帝芬三十六年作圜土。""圜土"即是用土筑成圆形狱城，用以收押犯人。圜土作为最早的监狱形态，为夏王朝所创建，以后成为奴隶制监狱的通称。《史记·夏本纪》载：夏桀曾"召汤而囚之夏台。"这表明夏桀时，曾在夏台设置临时关押奴隶主贵族的狱所。

随着商朝奴隶制国家的发展，监狱制度也有了进一步加强。据《墨子·尚贤篇》载："昔者傅说居北海之洲，圜土之上，衣褐戴锁，庸筑于傅岩之城……"傅说是商王武丁的大臣，相传他原是穿囚服戴枷锁被迫服劳役的囚犯，这也多少反映了商代监狱的一般情况。又据《史记·殷本纪》载："纣囚西伯于羑里。"羑里位于河南汤阴县境内，这里曾设有监狱，用来关押对纣王有威胁的周文王等西周贵族，司马迁说的"文王拘而演周易"，也是说的这件事。

另外，在河南省安阳殷墟故地发掘出来的甲骨文中，有不少是关于商代监狱制度的内容。它的出现，为商代监狱制度的研究提供了可靠的材料。东汉许慎《说文解字》中对"囚"字作了如下解释："囚，系也，从人在口中。"此外，1937年河南安阳小屯出土的殷时陶俑，男子两手梏于身后，女子两手梏于身前，这表明商朝对男女犯人在管理上是不一样的，但又都是比较严格的。出土的甲骨文中还有"圉"字，它被不少学者解释为囚徒梏手坐狱中。汉代许慎的《说文解字》也说："圉，囹圄所以拘罪人。"许慎未见过甲骨文，解释意思正好和甲骨文相合。甲骨文中"冰圉""艾圉"等带有地名的监狱的大量出现，表明殷商监狱的客观存在，同时也反映出商朝统治者为强化奴隶主阶级统治而广设监狱的事实。

西周的监狱同殷商相比有比较大的发展。监狱已不单纯是拘押惩办犯人的牢房，而且还是按照统治阶级道德标准改造犯人的场所。西周监狱除具有囚禁犯人的职能外，还有强制犯人劳役改造的功能。据《尚书·周书·蔡仲之命》载：周公辅成王摄政时，曾"囚蔡叔于郭邻"。据郑玄注："囚，拘也，拘系当刑杀者，拘系之是为制其出不得辄行……此则徒之郭邻而又囚之。"这说明当时已有流放重犯到指定地点囚禁并进行劳动改造的狱制规定。除此而外，当时还广设圜土，专门关押无业游民、流浪汉、乞丐等，并进行"聚教"。为加强管理，还专门设立司圜等专职官吏。对在押犯人白天强制其服劳役，夜晚则囚禁圜土。若经三年劳役磨炼能改者，则放归社会；不能改正者，则处死了事。

另外，西周还规定了短期监禁的嘉石制度，这种制度主要用来对付"语言无忌""侮谩长老""害于州里"的造恶者。对他们的处理有五种情况：轻者服劳役三个月，并带桎梏坐嘉石三天；重者服劳役五个月，带桎梏坐嘉石五天；再重者服劳役七个月，带桎梏坐嘉石七天；再重者服劳役九个月，带桎梏坐嘉石九天；最重者服劳役一年，每十天带桎梏坐嘉石三天。犯人平时服劳役由司空监督；服役期满，取保释放。西周嘉石之制为一种特殊的短期监狱制度，它同圜土制度一样，把剥夺犯人自由强制服劳役与耻辱刑的某些做法结合起来，为后世的封建王朝建设监狱制提供了重要参考。

■ 人人避之不及的牢狱

随着统一的君主专制国家的建立，监狱的设置和管理也开始形成制度。尤其是第一个封建王朝秦朝的狱制，对以后历代的监狱建制有着深远的影响。从汉代开始，我国的监狱始称为"狱"，明朝称狱为"监"，至清代则合称为监狱，同时还承袭了周朝以来的刑徒劳役制，在传统的拘禁监基础上又发展了劳役监，使监狱的管理制度更趋严密和复杂。到了唐代，我国的封建狱制已臻完备。随着封建君主专制的强化，阶级矛盾和统治阶级内部矛盾逐渐激化，狱制、狱政不断受到行政权的干预，更趋于严酷和窳败。一方面是封建狱制的相对完善，另一方面则是治狱实践的专横暴虐，两者的严重脱节更鲜明地反映了封建专制狱政的黑暗和腐败。历代监狱是统治阶级镇压人民和统治阶级内部狗咬狗、黑吃黑的工具。

设置多头、体系杂乱，是我国古代狱制的一大特点，因此，它在专制主义的体系中形成了一道黑暗奇特的风景线。由于行政权和司法权的合流，不仅各级司法机关设有牢狱，而且从中央到地方的大小行政机构也有自己的牢狱，皇帝还可以随心所欲设置诏狱和宫廷拘留所之类的特种牢狱。除此之外，还有宗室贵族、地主、军阀、土豪、族祠等滥设的私牢。

据记载，西汉中期以后全国各种牢狱多达两千余所，仅长安一地的官狱就有二三十所。狱禁设置的多头，必然带来管理上的混乱，已如前述，我国古代监狱的部分职能类似于现代的拘留所，不仅直接的案犯，凡是与案情有牵连的或要传讯到案者都可以羁押。所以，这样一案之起，就可能有许多人被牵连系狱。西汉武帝时，仅皇帝直接控制的诏狱中"二千石系者新故相因，不减百余人。郡吏大府举之廷尉，一岁至千余章。章大者连逮证案数百人，小者数十人；远者数千里，近者数百里。会狱（对质），吏因责如章告劾，不服，以掠笞定之。于是闻有逮证，皆亡匿。狱久者至更数赦十余岁而相告言，大抵尽诋以

▲ 古代监狱大门

不道，以上廷尉及中都官，诏狱逮至六七万人，吏所增加十有余万"。

皇帝直接控制的诏狱里罪犯就有十多万，中央其他部门控制的牢狱中罪犯肯定更多，地方上官吏掌握的牢狱中的案犯肯定比长安京城中案犯还要多。而武帝时期史称盛世，牢狱中的案犯就如此之多，到历代末世，政治危机、经济危机频发，以至囹圄成市，案犯塞路，这时牢狱中的案犯不知比武帝时又多多少倍。所以，中国古代牢狱这个拘禁刑具可谓大矣，拘禁的囚犯可谓多矣。

中国古代的牢狱还有地牢的形式。汉代长安地方牢狱中，甚至有名为"虎穴"的土牢，这样一个土牢，常常要关进上百人。宋代的文天祥被元人俘虏后，囚于土室（即地牢），他曾记述说："余囚北庭，坐一土室，室广八尺，深可四寻（注：寻，古时八尺为一寻）。单扉低小，白间短窄，污下而幽暗……或圊溷，或毁尸，或腐鼠，恶气杂出……当侵沴，鲜不为厉。"从这些描写可以看出，地牢也就是人间地狱。

诚然，古代的牢狱主要是拘禁人民、镇压人民的工具，但有时也用于统治阶级窝里斗的工具。例如献焚书之策、帮助秦始皇建立第一个中央集权制国家的李斯，以惩罚人为乐事，但争斗到最后，他把自己也送进了自己营造的牢狱之中，而受尽了各种折磨。

据《史记·李斯传》记载："赵高案治李斯，李斯拘执束缚，居囹圄中，仰天而叹。""二世乃使高案丞相狱，治罪，责斯与子由谋反状，皆收捕宗族宾客。赵高治斯，榜掠千余，不胜痛，自诬服。"于"二世二年七月，具斯五刑，论腰斩咸阳市。斯出狱，与其中子俱执，顾谓其中子曰：'吾欲与若复牵黄犬俱出上蔡东门逐狡兔，岂可得乎！'遂父子相哭。而夷三族。"建造牢狱的人而受到牢狱的严厉惩罚，李斯的事例甚为典型。西汉时期，皇宫中有牢狱，初称永巷，武帝时改为掖庭。这种牢狱是专门囚禁有罪的皇后、贵人的。

历代的皇帝、君侯也都把牢狱作为政治斗争十分有效的工具来使用。一些人常把与自己争夺极位的兄弟,把对自己统治权有重大威胁的人,包括皇太子,甚至被赶下台的皇帝投入牢狱,囚禁起来。如永宁元年(301年),赵王司马伦篡夺帝位,把原皇帝司马衷幽禁于金镛宫。这金镛宫后改为永昌宫,实际是晋代常用来囚禁重要政治犯的牢狱。

■ 明代"任性"的厂卫监狱

明清两朝已进入了封建社会的后期,这时阶级矛盾和社会矛盾都到了极其尖锐的程度,作为国家机器之一的监狱更加发展和残酷。明代的厂卫监狱和清代的文字狱是这一时期监狱的独特形式。

明朝的厂卫,是由宦官和侍卫组成的特务机构。厂,指的是东厂、西厂、内行厂,是由宦官组成的特务机关,其中西厂和内行厂存在的时间不长,只有东厂设于朱棣朝永乐十八年(1420年),直到明亡为止,前后二百二十余年。卫,指的是锦衣卫,是皇帝的禁卫军"上十二卫"之一,成立于明太祖朱元璋洪武十五年(1382年),到明终为止,前后共约二百六十年。不难看出,明代的特务政治、厂卫制度的根源,正是皇权极端强化的结果。

厂卫不仅有权侦察、逮捕犯人,还设置有刑讯、拘押犯人的监狱。厂由宦官头太监主持,太监可以参加三法司会审。依旧制,三法司五年一次大审录。但是坐在三尺之坛中间的不是最高司法官,而是司礼太监。三法司的首脑只能坐在左右,唯唯诺诺,按司礼太监的命令行事。案件的出入轻重全看太监的意图而定,三法司一点儿也不敢违抗。这是因为天下官员的升迁削夺,全部取决于太监。文武百官要在朝中站住脚,就都必须交结宦官。就连极富政治才干的张居正,也是靠千方百计笼络交结宦官,才排挤了政敌,获取了内阁首辅大学士的地位。

他拜谒太监冯保,所投的帖子自称"晚生"。凡是不依附宦官的大臣便遭到排挤,凡是上奏折揭露宦官的人,必然受到陷害。

厂卫特务可以任意私设刑堂,对人拷打逼供,叫做"打桩",向被害人威吓敲诈钱财,叫做"干醉酒",还有一种叫做"搬罾儿",对人的殴打"痛楚十倍官刑",并逼着被害者牵连富庶的人家,由富家出缴钱财方无事;如不交,或交不足,就捏报皇帝,使其下诏狱,多"立死矣"。太监尚明掌领东厂时,"闻京师有富室,辄以事罗织,得重贿乃已"。厂卫特务在刑讯时使用了大量的法外酷刑,种类之多不胜枚举。如剥皮、刷洗(把犯人身上浇上开水,用铁刷刷去皮肉)、枭令(以钩子钩背,把犯人悬挂起来)、称竿(把人绑在竹竿头上,另一头悬石头称之)、抽肠、割舌、断手、剁指、刺心、肢解、断脊、腐刑等等酷刑。明神宗万历年间,刘瑾时创大枷重至一百五十斤,负者"不数日辄死"。刘瑾还创立枷,"重三百余斤,犯者立死"。

锦衣卫下设十七所,南北两个镇抚司。其中北镇抚司专理"锦衣狱",又称"诏狱",指的是不经过法司,直接由皇帝下诏审理的案子,并设有专门的狱所。历史上汉唐两朝都曾设过"诏狱",但时间都不长,只有明代的诏狱历时最久,也最阴森残酷。锦衣卫掌领诏狱要受宦官监视的,司礼太监往往是厂、卫兼领,一身而二任焉,并在锦衣卫中安插自己的党羽。

北镇抚司所掌管的诏狱,"幽挚残酷,害无甚于此者"。在这里被折磨致死的官员史不绝书。朝官们只要稍许触犯了太监,就被下狱整死。宦官王振当权时,翰林侍讲刘球因在上疏中触犯了王振,立即被逮下锦衣狱,并派人夜间将其残杀,肢解尸体,埋狱后隙地。家人寻尸,仅得一手臂。刘瑾当权时,构诬陷害,诏狱人满为患。其中御史涂祯仅仅因为还朝时路遇刘瑾止行长揖礼而未跪拜,刘瑾便将他逮捕下锦衣狱杖死。

但是，最惨绝人寰的是大奸魏忠贤对东林党人的迫害。天启五年（1625年），魏忠贤诬陷东林党人杨涟、左光斗等六人受赃，将他们逮入诏狱。施用"全刑"拷打，即械、镣、棍、拶、夹棍，"五毒备具，呼暑声沸然，血肉溃烂，宛转求死不得"。没有多久，六人就全被活活折磨而死。一年之后魏忠贤又兴大狱，逮捕了周起元、李应声、黄尊素等七人，犯人被迫害死后，停尸狱中数日，才抬出令家属收埋，这时尸体已血肉模糊，腐烂发臭，尸虫爬满了全身，面目已不可辨认。

明代厂卫特务的侦缉、刑讯、残杀以及对犯人的虐待和折磨，都是不受任何法律限制的，也不受任何法司的干涉。由于厂卫特务最接近皇帝，而皇帝也正需要一支灵活、残暴、打击异己、防范人民的"别动队"，所以厂卫特务可以为所欲为，无法无天。特务头子专横擅权，归根到底还是皇帝做后台。厂卫头目的命运也操在皇帝一人手中，皇帝一旦发现这只走狗已经无用了，这个特务头目就立即从权力的巅峰上跌落下来。明代的几个厂卫头目最后的下场不是被赶跑（如汪直、冯保），就是被诛杀（如刘瑾、魏忠贤）。

■ 一入监狱深似海

提及古代监狱，常常被百姓比作"人间的活地狱"，主管监狱的衙门长官被百姓称作"阎罗王"，书办狱吏被人们称作"催命判官"，狱霸牢头就是"牛头马面"的化身。人们一旦犯事后进入牢笼，就只能落入他们的手中，并任其宰割。但是，古人有云"有钱能使鬼推磨"。倘若犯人懂得"破财消灾"的道理，送上一份足够大的"人情"，那么，不管是"判官"还是"阎王"，自然会对他另眼相看，更不用说那些"牛头马面"的小鬼了。《水浒传》中，林冲发配到沧州牢城，向管营和差拨送上十五两银子和一封柴大官人的书信,不仅免去一顿"杀威棒",而且还得了份看守天王堂的好差使。由他自在,无人拘管,比起那从早起直做到晚不得休息,以及拔在土牢里,求生不生,求死不死的囚徒,不啻是"天堂"了。宋江被发配到江州牢城,上下"打点"之后,不但免除了苦役,而且整日悠闲自在,东游西逛,结交豪杰,饮酒作乐,全然没有一点囚徒的样子。

不仅徒流犯人可以花钱买得自在,连那些死刑待决的犯人,只要"打点"得好,照样也能逍遥自在。

在明代小说《醒世姻缘传》里,就有这样一位死囚犯,她是晁源的小妾珍哥,因为逼死了晁源的正妻计氏,被关进了武城县监狱的死囚牢。晁源派家人拿着银子去狱中打点,刑房吏送银子五两,捉牢的承行十两,禁子头役二十两,小禁子每人十两,女监牢头五两,同伴囚妇每人五钱,打发得那一干人屁滚尿流,与她扫地的、收拾房间的、铺床的、挂帐子的,侍候得周到至极,简直不像是罪犯,倒像是贵宾了。连新来的主管监狱的典史都看不过去,斥责道:这是什么所在,如何这等整齐?这也不成个监禁,真是天堂了!若有这样受用所在,我老爷也情愿不做那典史,只来这里做囚犯罢了!于是,他下令将珍哥锁上匣床,严加看管。晁源得到这个消息后,马上备了厚厚的一份礼物送给典史。典史得了好处,也变了一副脸,

▲ 古代牢房

不但不去拘管珍哥，反而吩咐其他的囚妇们好生侍候珍哥，不得放肆。

晁源买通了典史，不但将吃的用的都搬进了牢里，而且还以天气炎热为由，在牢里大兴土木，专门替珍哥盖一间房间，还有乘凉的过道，前后安排了精致的明窗，连厨房也有；屋内的桌椅、陈设及蚊帐器皿之类，全部都换成新的。房子的四面砌起围墙，形成了一个独自的院落，俨然是一个"新房"了。

有了牢里独居的新屋，晁源也就三天两头去看望珍哥。开始还是清晨进去、响午出来，或响午进去、傍晚出来；到后来，干脆同起同宿，成几日不出来，也没有人来管他，把牢房当成是自己的别墅了。如此还嫌不足，在珍哥生日那天，干脆在狱中大摆宴席，请狱中的禁子、囚犯，弄得监狱中一片唱曲声、猜枚声，嚷做一团，禁子囚犯们都吃得烂醉，连典史进去时，大家都认不得是四爷了。

明朝对监狱的管理在法律上有明文规定，"内情不得外出，外情不得内入"，目的在于使囚犯知囚禁之苦，而不敢犯罪。珍哥被囚禁在武城县监狱里，不仅那牢狱中的苦楚一毫也没有经着，反而过着似天堂般的日子。这一切，自然都是"钱"的作用。

清朝衙门里的监狱与"班房"的情形也是一样的：一旦进了监狱或者班房，只要花钱，不但可以免于受苦，而且可以享受种种的"优待"；花的钱越多，待遇也越好。花了钱，可以睡舒服的床铺，吃上等的食物，可以有人伺候，甚至还可以吃鸦片、唤妓女……难怪有些囚犯不但不以监狱为苦，反而以为一方乐土而乐不思蜀了。

■ 才高八斗唱"狱歌"

在古代衙门的监狱中关押过不少才高八斗、学富五车的文人墨客。他们虽身陷囹圄，却不忘吟诗抒怀，给后人留下了许多脍炙人口的名篇。

古代文人狱中吟咏的内容非常广泛，其中最有特色的，主要有以下几方面：

第一，叙述幽系之苦。唐朝诗人储光羲在狱中寄给朋友的诗中这样写道："中夜囹圄深，初秋缧绁久。疏萤出暗草，朔风鸣衰柳。河汉低在户，蟏蛸垂向牖。雁声远天末，凉气生霁后。哀哀害神理，恻恻伤慈母。妻子垂涕泣，家僮日奔走。"

明朝的李梦阳在《狱夜》诗中，也这样写道："檐景凄凄落，台居黯黯幽。鼠缘争果堕，萤过隔衣流。幸窃余光照，那蠲多穴愁。亦知广川子，踟躇为春秋。"

第二，借诗抒发胸中的悲愤之情，表明自己的心迹、志向。唐朝的骆宾王因事被捕入狱，在狱中写下了著名的《在狱咏蝉》，抒发满腔忠愤，并借蝉的高洁，表达自己不肯同流合污的心情："西陆蝉声唱，南冠客思深。不堪玄鬓影，来对白头吟。露重飞难进，风多响易沉。无人信高洁，谁为表予心？"

第三，用诗的语言，揭露监狱中的黑暗。明朝的杨继盛被捕入狱后，目睹了种种虐待、摧残囚犯的暴行，写下了《狱中红苔》诗："寒柝凄凄哀怨绝，阴云黯黯郁愁结。西风满地苔痕红，尽是渭囚冤泪血。"

第四，囚犯在狱中写下的"绝命诗"，其最为著名的，大概要算是宋代大文豪苏东坡的两首题为《狱中寄弟子由》的绝命诗了。说起这两首绝命诗，还有这样一段故事。苏东坡任湖州知州时，给神宗皇帝上了一张"谢表"。这本是官样文章，但苏东坡借机发了一点牢骚。没想到，这些牢骚话差点给他带来杀身之祸。他的政敌们指责他在"谢表"中讥讽朝廷，妄自尊大，发泄对新法的不满，请求对他严加惩办。于是，朝廷下令免去他的官职，并将他逮捕，押送京城交御史台审讯。那些政敌还以他写的诗为证据，指控他"大逆不道"，想将他置于死地。

这就是著名的"乌台诗案"。

苏东坡在狱中,未卜生死,可以说是一夕数惊。在等待皇帝最后判决的日子里,儿子苏迈每天都去监狱替他送饭。由于不能见面,所以父子早就在暗中约好,平时只送些蔬菜和肉食;如果有死刑判决的坏消息,就改送鱼,以便及早有个心理准备。可巧,苏迈因银钱用光了,要出京去借钱,便将送饭的事托付给朋友,却忘记告诉朋友有这个暗中约定。那天朋友送饭时,给苏东坡送去一条熏鱼。苏东坡一见大惊,以为自己凶多吉少,便以极度悲伤的心情,给弟弟苏辙写了两首诀别诗:

圣主如天万物春,小臣愚暗自亡身。
百年未满先偿债,十口无归更累人。
是处青山可埋骨,他年夜雨独伤神。
与君世世为兄弟,再结来生未了因。
柏台霜气夜凄凄,风动琅珰月向低。
梦绕云山心似鹿,魂惊汤火命如鸡。
眼中犀角真吾子,身后牛衣愧老妻。
百岁神游定何处?桐乡知葬浙江西。

狱吏按照规矩,将诗篇呈交皇帝。其实,神宗皇帝本来就没有处死苏东坡的意思,只不过借此挫挫他的锐气。现在见到这两首诗,感动之余,也为诗人的才华所折服,于是下令对苏东坡从轻发落,将他贬为黄州团练副使。这两首"逼"出来的"绝命诗",也广为流传,成为千古绝唱。

■ 文人的禁区:文字狱

文字狱,顾名思义,就是因文字缘故而构成的罪案和冤狱。文字狱是中国封建专制主义制度下所特有的一种历史文化现象,长期以来对人们思想钳制，成了沉重的精神枷锁。其源远流长，可以一直追溯到春秋战国时期。据《春秋·左传·襄公二十五年》载，人们所共知的一个故事是，齐国大臣崔杼杀了国君光，太史据实记载其事："崔杼弑其君"，他因此被崔杼杀掉了，太史的弟弟照写不误，也被杀掉了。另一个弟弟还是如此书写，崔杼终于不敢杀了。"南史氏闻太史尽死，执简以往，闻既书矣，乃还"。这就是中国最早史家们的职业道德——冒死直书。这大概是我国最早的以文问罪，致人头落地的刑案，这只是文字狱的萌芽。

接着是秦始皇的"焚书坑儒"，当是封建社会最早的文字狱。封建法律中历来有"触讳"的规定。皇帝的名字、宗庙名、父、祖名都要避讳，否则就是犯罪了。

西汉宣帝曾假惺惺地说："今百姓多上书触讳以犯罪者，朕甚怜之。"说明西汉时触讳罪名就已经普遍使用了。

唐律中明文规定，上书、奏事犯了宗庙的讳，要杖八十；一般口误或文书误犯者，笞五十；起名字犯讳者，徒三年。

宋代大文学家苏轼曾因在诗赋中抨击时政，渲泄胸中郁气而被逮系乌台，下狱四个月，牵连三十九人，是为"乌台诗案"。

到了明初，朱元璋当皇帝时，以文罪人、因文杀人的例子多了起来。朱元璋出身寒微，当过和尚，投过红巾军，所以对"僧""光""贼""盗"等字非常敏感。有一年，杭州教授徐一夔在进呈皇上的贺表

中写了"光天之下，天生圣人，为世作则"几句歌功颂德的话，徐教授想不到的是，他的拍马却起了反的效果，朱元璋看了勃然大怒："生"者僧也，暗指我曾当过和尚；"光"则剃发也，"则"字音近贼也。下令把徐教授杀了。后来，文字中的忌讳越来越多，"天下有道"，与"有盗"同音，杀！"遥望帝扉"，以音同"帝非"，杀！"藻饰太平"音同"早失太平"，杀！

然而，无论宋代也好，明代也罢，以文罪人的事件还是比较零星的。文字狱真正泛滥起来是在清朝。清代文字狱数量之多，规模之大，持续时间之长，量刑之残酷，乃是历代封建王朝望尘莫及的。

清代文字狱还把思想上、学术上的不同见解作为打击目标。雍正年间，监察御史谢济世因上疏抨击了雍正的心腹之臣田文镜，被充军到新疆阿尔泰。谢济世在那里自己注释朱熹的《大学》，继续阐述自己的学术观点，以此为精神寄托。清初推崇程朱理学，并颁发过《四书》的钦定本。谢济世在学术上不同意朱熹的观点，提出了一些自己的见解。他不想人云亦云，白吃官饭，却反而招惹了麻烦。在当时，反对朱熹就是反对官方的思想，就是弥天大罪，本来是要被处斩的，还算皇帝开恩，谢济世被从宽发往军队当苦差，被罚服役改造赎罪。

另外，一些歌功颂德、献媚求宠的人，甚至精神病人也成为文字狱的牺牲者。雍正五年，太常寺卿邹汝鲁呈进《河清颂》，颂扬皇帝的功德，用了"旧染维新""风移俗易"的字句，雍正看了怀疑这两句话别有用心，于是这个倒霉的献媚者被削去官职，发往荆州府堤工处劳役改造去了。

乾隆时，有个叫王锡侯的举人，认为《康熙字典》收字太多，难以贯穿。于是自己编了一部《字贯》，意思是这部书可以用字义把零散的字贯穿起来，正好弥补了《康熙字典》之不足。《康熙字典》是攻杀衙门长官，横扫十九个郡国，声势浩大。

上述囚徒们的起义，虽然最终都失败了，但所到之处，沉重打击了衙门官吏，摧毁了那些残害囚犯的监狱。

囚徒反抗的另一种形式，就是聚众反狱。明神宗万历二十二年（1594年），河南广武县监狱中的囚犯陈小四等六人，夺刀杀死典狱官吏，破狱劫衙，引起很大震动。

清朝光绪六年（1880年），广东发生了一起轰动一时的囚犯劫持县令越狱的案件。

按照清代监狱管理制度的规定，州县监狱里的重罪囚犯除了要戴手铐脚镣外，还要铁钳锁颈，以防囚犯逃脱。但是，狱吏们对此却并不完全执行，而是以此作为敲诈囚犯的手段。凡囚犯入狱，要按惯例索取所谓"规费"。囚犯交不出规费的，镣足桎手，钳口锁颈，一动不能动，苦不堪言；但若是按规矩交了规费，就可以免戴狱具，仅仅在典史巡视时才戴上，装装样子。典史离开后，便马上替他们去掉狱具。衙门长官也知道这种作弊行为，但抓不住证据，所以对此也毫无办法，只得听之任之。

一次，有个知县想亲自察访这些弊病，便来个"突然袭击"，不带一个随从，突然闯进监狱，狱吏们事先也不知道。他们见知县突然进来，不知所措。而监狱中关押的百余名囚犯见知县单身一人进监狱，机会难得，便蜂拥而上，七手八脚将知县捆住，并提出条件：要求将他们百余人全部释放，然后才能放掉知县；如果官府派兵前来，他们就与知县同归于尽。与此同时，他们将狱中的几个狱吏全部抓住，捆了起来，占领了监狱。县衙里的幕友和县吏们束手无策。典史赶到监狱门外，开始是婉言规劝，到后来干脆苦苦哀求，可囚犯们不予理睬。由于知县在囚犯手里，为了不让知县挨饿受苦，只有按时按量给牢里康熙朝奉皇帝亲谕制定的，批评《康熙字典》就是批评清王朝。乾隆皇帝亲自看了《字贯》一书，又发现在凡例中提到康、雍、乾几个皇帝的名字时都没有避讳，认为这是"大逆不法""罪不容诛"，命令照"大逆"罪处决。江西巡抚海成因为没有看出《字贯》中的未避讳处，被革职查办，判了"绞监候"；他的上司两江总督高晋、同僚江西布政使、按察使也受到株连，被革职治罪。

清代的文字狱在康熙、雍正、乾隆三朝越演越烈，前后历时一百多年，大小案件不下百起，被判死刑的共二百余人，受到株连被流、徒、没为奴婢的更是不计其数。被害者上至朝廷大员，下至秀才士子，以及乡愚迂儒、江湖术士、轿夫船工等都有。文字狱是清代极端专制主义统治的突出表现，它充分暴露了封建法制野蛮、专横、残酷的实质。

■ 面对不公，勇于抗争

面对监狱里的非人虐待、折磨，一些囚徒不愿任人宰割。他们采取各种方式，反抗典狱官吏的暴行，逃出这黑暗的人间地狱。他们有的私下越狱，有的聚众暴动，有的公开举行起义。汉高祖刘邦就是在押送囚徒途中，率囚徒斩白蛇起义，成就霸业，开囚徒起义成功之先河。从汉代史书记载来看，仅汉成帝刘骜时就发生过四次较大规模的囚徒起义：

阳朔三年（前22年），颍川刑徒申屠圣等一百八十人起义。他们杀掉了衙门长官，打开兵器库，自称将军，率众横扫九郡。

鸿嘉三年（前18年），广汉郡郑躬等六十余人起义。他们进入衙门，打开监狱，释放囚徒，用官府的兵器武装自己，占据山林，自称"山君"。

永始三年（前14年），陈留郡的囚犯樊并率十三人起义，杀掉陈留太守，自称将军；同年，山阳铁官刑徒苏令等二百二十八人起义，攻杀衙门长官，横扫十九个郡国，声势浩大。

上述囚徒们的起义，虽然最终都失败了，但所到之处，沉重打击了衙门官吏，摧毁了那些残害囚犯的监狱。

囚徒反抗的另一种形式，就是聚众反狱。明神宗万历二十二年（1594年），河南广武县监狱中的囚犯陈小四等六人，夺刀杀死典狱官吏，破狱劫衙，引起很大震动。

清朝光绪六年（1880年），广东发生了一起轰动一时的囚犯劫持县令越狱的案件。

按照清代监狱管理制度的规定，州县监狱里的重罪囚犯除了要戴手铐脚镣外，还要铁钳锁颈，以防囚犯逃脱。但是，狱吏们对此却并不完全执行，而是以此作为敲诈囚犯的手段。凡囚犯入狱，要按惯例索取所谓"规费"。囚犯交不出规费的，镣足桎手，钳口锁颈，一动不能动，苦不堪言；但若是按规矩交了规费，就可以免戴狱具，仅仅在典史巡视时才戴上，装装样子。典史离开后，便马上替他们去掉狱具。衙门长官也知道这种作弊行为，但抓不住证据，所以对此也毫无办法，只得听之任之。

一次，有个知县想亲自察访这些弊病，便来个"突然袭击"，不带一个随从，突然闯进监狱，狱吏们事先也不知道。他们见知县突然进来，不知所措。而监狱中关押的百余名囚犯见知县单身一人进监狱，机会难得，便蜂拥而上，七手八脚将知县捆住，并提出条件：要求将他们百余人全部释放，然后才能放掉知县；如果官府派兵前来，他们就与知县同归于尽。与此同时，他们将狱中的几个狱吏全部抓住，搁了起来，占领了监狱。县衙里的幕友和县吏们束手无策。典史赶到监狱门外，开始是婉言规劝，到后来干脆苦苦哀求，可囚犯们不予理睬。由于知县在囚犯手里，为了不让知县挨饿受苦，只有按时按量给牢里送饭。县衙官吏不得已,只得向知府禀报。知府得报后,亲自赶到县衙,来到监狱门外,要求囚犯们释放知县,并保证如果他们之中有冤屈的,一定查明,替他们平反;即使罪不能免的,也一定替他们设法超拔。但囚犯们拒不答应,坚持出则与知县同出,死则与知县同死。知府不得已,只得又向巡抚报告,请求派二营兵来,并暗地里设下一条毒计。先是假意同意囚犯们的要求,赦免他们的罪行,并将他们统统放出;另一方面,派官兵守住各个路口。囚犯们拥着知县,走出了监狱大门,官吏们远远地跟着。走到五十里开外后,囚犯们放掉了知县,准备分头逃跑。这时,早已埋伏在四周的官兵将他们四面围住,百余人中只跑掉三人,其余全被抓住。知府和知县将这些囚犯带回县衙后,对他们进行残酷的报复,加以酷刑,二十余人当场死于杖下,其余的也全被处死。

狱囚们的脱逃和暴动,虽然大都是自发的,但它表明了囚徒们面对封建监狱的虐待、残害所作的无畏的抗争。这样的情形,在中国古代发生过多少次,谁也不知道,因为封建史学家们从来不敢去统计这些数字。但从史书上只言片语的记载中,依然证明了这样一个事实:哪里有压迫,哪里就会有反抗!

拓展阅读

坐监行贿更好过

李伯元写的小说《活地狱》中曾形象生动地揭露了当时监狱中贿赂公行的黑暗情景。

有个叫黄升的佣人,无故被牵连下狱,衙门的捕快班头子史湘泉先把他关在临时拘押牢中,并故意用链子把他锁在靠牢房的尿缸边,而那根链子一头套在脖子里,一头绕在栅栏上,其中所剩有限,被它吊着,一时缩不下身去。

就这样拘禁了大半天,黄升不堪忍受,直到掌灯,史湘泉便来与黄升讲价钱了:"你想舒服,却也容易,里边房里,有高铺,有桌子,要吃什么有什么。"说着便把黄升链子解下来,拿到手里,同着他向北首那个小门,推门进去,只见里面另是一大间,两面摆着十几张铺,也有睡觉的,也有躺着吃烟的。

黄升看了一会儿,便对史湘泉说:"这屋里也好。"史湘泉道:"这个屋可是不容易住的。"黄升问他怎的,史湘泉说:"进这屋有一定价钱。先花五十吊,方许进这屋;再花三十吊,去掉链子;再花二十吊,可以地下打铺,要高铺又得三十吊。倘若吃鸦片烟,你自己带来也好,我们代办也好,开一回灯,五吊。如果天天开,拿一百吊包掉也好。其余吃菜吃饭,都有价钱,长包也好,吃一顿算一顿也好。"

黄升听了,把舌头一伸道:"要这些吗?"史湘泉道:"这是通行大例,在你面上不算多要。你瞧那边地上蹲着的那一个,他一共出了三百吊,我还不给他打铺哩。"这里,国法成了狱吏手中的玩物,这些人不是太黑太狠心了吗?

第四章
衙门中的潜规则

　　古人初入官场，对做官的规矩知之甚少，尤其是在儒家教育的"无菌室"中死读经书长大的进士们，更是对官场的条条框框一头雾水。所以，明清之后新科进士都要到中央部委或者分发各省"观政"或"办事"，也就是任前实习。其间，他们学的多半是怎样"做官"，而非具体政务。最后，经过一番历练后，官场就把官员塑造成了形形色色的适应官场的模样。

第一节　古代官场厚黑学

■ 顺应"潮流"好做官

清末，御史刘汝骥外放徽州知府，入见慈禧太后辞行。慈禧太后问他："你拜谒各位军机大臣辞行了没？"刘汝骥回答："没有。"慈禧太后就开导他说："军机大臣，你一定要去拜谒。你现在是外官了，不再是御史了。御史是清流，要清正刚硬才能监察百官。今后，你要好好学习应酬。"慈禧太后金口提醒刘汝骥"学习应酬"，其实就是要刘汝骥顺应体制的要求转换角色，不然他的徽州知府是很难当好的。清末两江总督端方对出任知县的某位名士说："今后你要抛却笔墨生涯，沦落宦海了。你买《官场现形记》学学谋官之秘诀否？"类似的话，唐德宗对拒不收礼的丞相陆贽也说过。唐德宗私下批评陆贽："卿清慎太过，地方官员给你的馈赠，你一概拒绝，会伤害大家的感情，恐怕情理不通，影响工作。以后像马鞭、靴子之类的礼物，你但收无妨。"

这三个让人多少有些吃惊的另类段子，都指向两个字：体制。它们背后都有着体制的影子。皇帝、太后和大臣们都不得不向现存体制低头。

古代官吏身处的政治体制是一个由堂皇高深的理论说教、数不胜数的规章制度、数以万计的官僚队伍和条条块块的不同系统组成的庞然大物。没有人能说得清这个体制的形状、构成，人们对它的运作只能意会不能言传——即便是身处体制顶端的独裁者也是如此。可要讲做官的规矩，如何认识官僚体制又是避不开的首要问题。

人们需要认识到的第一点是：任何政治体制都是社会的产物。留存千年的政治体制是古代中国社会的产物。它和中国社会的关系类似于植物与土壤的关系。

在自然界，植物根植于土壤之中，离不开土壤的养分。任何花草都不是无本之木、无源之水。同样，中国古代政治体制也根植于中国社会之中，和中国复杂的现实和特有的人情世故相结合。钱穆先生就认为：政治制度必须与"人事"相配合。中国的历史人物，只有谙熟人情冷暖，懂得人事需求后，再创建、改革制度，才是锦上添花；反之，如果不顾人事对制度动刀子，那就是水中捞月，还可能引火烧身。

例如，有人认为中国强大的政府的起源可能与远古时期治水的需要有关；有人认为古代稳固发展的文官制度和中国很早就开放政权、读书人群体庞大有密切关系。盐碱地种不了水稻，杨梅树散布在东南丘陵的红壤上，中国古代政治体制也离不开中国

▲ 古代钱币

社会。

　　植物是有生命的，政治体制也是有生命的，相对于社会背景具有独立性。决定植物形状、长势的是种子、是基因，而不是土壤。生长在不同土壤中的苹果树的果实虽然有多少、好坏之分，但都是苹果。而一个政治体制创建以后，会沿着特定的逻辑发展下去，通常会超出人们的预料、操纵之外。政治体制的改革之难，根源就在这里。古代王朝的末期，政治体制都会漏洞百出，种种弊端为朝野所公认，但是人们就是不知道如何下手改革，就是下了手也会遭遇各式各样的阻碍和困难。此时，具有独立性的政治体制已经脱离了官僚群体乃至全社会的手掌。这就仿佛是一个人造机器人，在运行中产生了自己的思想，不受人类的控制了。例如，唐德宗肯定也知道贪腐的坏处，知道官僚体制贪污的最终都是他这个皇帝的钱，但他还得无奈地劝丞相陆贽不要"众人皆醉我独醒"，该拿的还得拿。腐败是官僚体制的衍生物，随着体制的独立发展而日益强大，强大到了摆脱皇帝和军机大臣控制的程度。

　　最后，植物也会反作用于土壤。不同的植物在生长过程中会吸收特定的养分，死亡后变为腐殖质回归土壤，微量而连续、缓慢而持久地影响土壤的成分。政治体制的创建和发展，会强化社会的某种主张或倾向；而它的覆灭，也会成为社会的历史遗产。例如，弥漫中国社会的官本位思潮，就是政府权力在历朝历代不断增强，侵蚀社会领域，最后导致权力因素主导社会发展的恶果。"强政治弱社会"的尘埃层层堆积，凝结成了厚厚的官本位顽石。

　　所以，不管古代官吏对自身所处的政治体制多么不满，他首先都得被迫接受，这就是他要开始政治生涯的背景。正如一个人出生时不能挑选种族、家庭和社会一样，他要面对的政治体制也是无法改变的。

有志于投身其中的人，首先要适应它，等到有能力作些变革的时候才能尝试改变。

如此说来，个人和政治体制的关系从一开始就注定不是平等的关系。这是人们需要认识的第二点。你首先要承认体制的存在和价值，而不是让体制承认你。人和体制的不平等关系还体现在其他三方面：

第一，"付出—回报"规律在政治体制中不成立。在生活中，你付出了多少心血与汗水，作出了多少贡献，就会获得相应程度的回报。一个人的收获与他的能力和付出是成正比的。虽然政治体制也可能宣称如此，可在实践中并非如此。并不是官员的能力越强，作出的成绩越大，他的官职就越高。历史上许多学富五车、成绩有目共睹的官员，却是官场的失败者。决定一个官员升迁的不仅仅是能力和贡献——它们只占很小的份额，还有各种人情关系和政治需要。这就像制度和人事的关系一样。一个人关系牢靠、人情练达，如果能力尚可，又作出了一定的贡献，就锦上添花了；但如果他能力平庸、毫无作为，也不会影响对他的提升。

第二，规则不确定，导致预期和评价标准不明确。游戏规则是政治体制制定的，而不是官员制定的。谁掌握了规则制定权，谁就掌握了主动，就能决定游戏的输赢、参与者的胜负。官员总是服从体制的规则生活、工作，违反规则的后果很严重。反之，体制可以通过修改规则来淘汰不喜欢的或者特定群体的官员。

第三，体制带有独立性，离开了任何个人都可以按照自由的逻辑发展辖区，但是个人如果离开了体制，就不再是官员。所以，体制可以抛弃甚至牺牲任何官员，官员却不能离开体制。人们为一些贪官酷吏辩护的时候，常说："如果换做另外一个人，也会像他这么做。"说的就是这个道理。

既然官员和体制的关系如此不平等，为什么历史上有那么多的人前赴后继争着去当官呢？有人告老辞官去，有人星夜赴考场。

我们可以借用物理学上"场"的理论来理解权力场对古代官员的吸引力。引力场对身处其中的物体有作用力，磁场也有磁力，那么权力场对人也有作用力。一个人对权力的欲望越大，权力场对他的作用力就越大。反之，无欲就无作用力。如果一个人对权力不屑一顾，权力场自然对他不起作用。他完全可以自由地投身学堂、商场、寺庙或者隐居山林。除非权力的作用泛滥于人类所有领域、所有地方，让人无处可退，否则一个人如果真想离开权力场，是可能的。古代中国的一大问题就是人们的权力欲太强，太想进入权力场，同时助推了政府权力的泛滥。

在清人所著的《清稗类钞》中用"喜怒哀乐"四个字来概括吏部各司的工作："文选司掌选补、推升及班秩、品级诸典，故曰喜。考功司掌考察、降罚及引年、称疾、给假诸例，故曰怒。稽勋司掌丧制、终养、复姓、更名诸事，故曰哀。验封司掌封爵、诰命、赠荫、叙功、吏员考职等事及真人、土司承袭，故曰乐。"吏部掌管官吏的仕途命运，所以关系到衙门中人的喜怒哀乐，实际权力远远大于同级别的衙门。清朝官员平级调任吏部，都被视为"升官"。吏部多出来的那部分权力就是体制权力。而在康熙年间，康熙皇帝创建的南书房掌管机要，很多时候还参与决策、撰写"密谕"等等，南书房所用的都是些品级不高的文人学士，但他们的实际权力很大。比如文人高士奇出身寒微，一度卖字为生。高士奇受康熙皇帝器重进入南书房后，每次下班回家，没到家门口就看到朝廷高官们的肩舆堵满了门前的胡同，其中包括大学士明珠等达官显贵。人们看重的，也是高士奇的体制权力。在本书中，体制权力的身影屡屡闪现，提请读者注意。

拥有体制权力的群体，会形成既得利益集团，成为既有体制的坚定拥护者。他们想不到的是，如此作为让他们异化为附着在体制上的一部分、一个螺丝钉，而放弃了人的主动性和体制主人的地位。比如清朝长期由满族人控制军队，满族官兵的待遇优于汉族官兵。满族人立下军功一次，就可以授予世袭职务。而汉族官兵要奋勇杀敌，立功二十四次才能被授予世职。结果，世袭的汉族军官寥寥，满族军官很多，始终控制着军队实权。这也造成汉族武弁不肯用命。乾隆皇帝时期才将授予世职的条件放宽，规定汉族官兵一旦阵亡就可以授予世职。

《啸亭杂录》谈及此事的时候，将满汉官兵的不平等待遇归咎为"有司（有关部门）之责"。当时的有关部门自然是控制在满族人手中的官兵考核部门。他们是之前陋政的受益者，自然没有动力更没有意愿去纠正它。

■ 官场"敲门砖"：金榜题名

新科进士看似风头正劲、光彩夺目，实际上距离当大官做大事还有遥远的距离。考中了进士，你又能怎么样呢？正如在《孽海花》这部讽刺小说中，一个宰相府的家丁嘲讽一名赶考的举子说："你们这样的读书人我看多了，即使你考中了进士，最多也就是朝廷部委当中一个普通的办事员或者在地方上沉溺于州县衙门，一辈子出不了头。你要想出头，还得找关系，攀附权贵，不还得求到我们宰相府来，不还得求我吗？所以你不要以为自己是举子，甚至中了进士就有什么了不起。"这名家丁的话虽然糙，但是道出了残酷的现实：金榜题名仅仅是一个人迈出了官场生涯的第一步而已。

我们来看看历朝历代新科进士是如何初入官场获得官职的。

在唐朝，通过科举考试的进士还得通过吏部的正式官员录用考试才能做官。到了宋朝，读书人只要科举及第，马上就获得了官员资格，发给官服。但是这些进士仅仅是有了官员资格而已，除了考中一甲的三名马上得到任用之外，其他官员并没有实权，全部被发送到地方上去担任州县辅助官员，进行历练。其中，发榜时名列前茅的少数进士被特许先在中央挂名，再到地方上去担任州县职务，类似于现在的"挂职下基层"。他们比绝大多数名次不高的进士权限要大，可以亲自签署公文。而名次居于中下游的进士就只是进入地方"领导班子"而已，不能在任何公文上签字、作出决策。即便如此，宋朝还是被称为文人的天堂。毕竟，一旦考中进士，就能够正儿八经地当官了。

明清时期，从考中进士到正式当官之间还有一段漫长的过渡期。客观上，官职是有限的，远远接纳不了源源不断涌入的进士。比如清代会试人数一般为百余名或二三百名，最多一科为406名，最少一科为96名（此外还有通过其他途径获得官员资格的人）。而退出官场的人数要低于进入官场的人数。于是，明清朝廷演化出了完备的进士分流、安置办法。

首先，选拔进士中的优异者进入翰林院"重点培养"。

▲ 清代木雕状元

一甲三名进士立即安排进入翰林院。《明会典》卷五记载："凡进士选除，洪武年间定，第一甲第一名除翰林院修撰，第二名第三名除编修，其余分送各衙门内办事，内外以次兼除。"这种做法后来沿袭成为一项制度。状元马上授予修撰（从六品），探花和榜眼是编修（正七品），他们算是获得了正式官职。进士中也只有他们三个人，才能一考完就有正式官职。

留在翰林院是进士最好的出路，能获得较高的起点。不同的官职，与个人的发展和利益息息相关。这里就要插叙一下不同官职的特点和分类。比如官职可以分为"大小"，也可以分为"忙闲""冷热"等等，但最重要的两个分类是"清浊"和"肥瘦"。"清"官和"浊"官是相对于政治前途来说的。就好像清水上升、浊水下沉一样，清官的位置比较清高、显贵，上升的空间和几率很大；而浊官的位置比较低沉，上升的空间和几率比较小。"肥"官和"瘦"官是根据收益来说的。肥官所处的位置收益大，瘦官自然收益小，手头拮据。对于初入官场的人来说，自然希望能得个清要的官职，图谋日后的大发展。

翰林院的官员俗称"翰林"，正是中国古代官场颇为清贵的职官。因为亲近帝王，有大把的机会给帝王讲课、做文学侍从和接受特殊任务，翰林们不仅可能在最高层面前展现自己，还能开阔眼界、锻炼能力。翰林的提升很快。帝王对翰林也很优待，入宫办事的翰林参加宫廷内宴，往往和一品高官同坐；更重要的是，朝廷将翰林当做高级官员的预备人选。唐宋以来，由翰林转任高级官职的人很多。明朝更是在人事制度上规定："非进士不入翰林，非翰林不入内阁。南北礼部尚书、侍郎及吏部右侍郎，非翰林不任。"明朝内阁大臣，百分之九十以上都是出身翰林的进士。因此，翰林为历代朝臣所重、文士所荣。新科进士入翰林院是最好的仕途方向，称得上是"正途中的正途"。

其次，没能进入翰林院的进士要分发到中央各部和地方州县。这些人包括朝考成绩不佳、没能当上庶吉士的进士，也包括散馆后没能在翰林院"转正"的庶吉士。

这些人一般都希望"留京",被分配到中央各部、府、院、监台等处当京官。毕竟京官比地方官还是要"清"。明朝时期,"人中进士,上者期翰林,次期给事,次期御史,又次期主事,得之则忻"。可见翰林是最佳选择,给事(有监察各部、驳回圣旨的特权)是第二选择,当御史是第三选择,实在不行也要挤入中央各部当主事。至于去地方上当个知县、县丞之类的,明代进士视如畏途,主要原因还是知县的工作内容繁杂,对个人实际办事能力要求较高,升迁竞争激烈,弄不好就像钱唐县的那位老县尉一样,一辈子在地方官职上转来转去了。如果进士先从中央做起,前途就不一样了。譬如某名进士先做御史,一定期限后转任地方官,官运就不同了。一方面,他熟悉中央工作,又积累了不少人脉,以后跑部找人都方便;另一方面,资深御史到地方往往从知府甚至道台做起,即便是调任知县,也是地处要冲、市井繁荣的大县。

其实,到各处实习的进士都有一个或长或短的实习期,期满后才能授予正式官职。表面上来看,决定性因素是所在衙门的编制有无出缺,也取决于实习生办事能力的大小。实际上,决定性因素是实习生与衙门长官的关系好坏,能否快速融入所在的官场环境中去。实习期内,新人们学习的不仅仅是行政办公事务,更要学习为官技巧、官场规律和处世之道。只有那些在后一方面学习优异的实习生,才能为官场真正接纳。至于那些在实习期间表现木讷、清高、强硬、胡闹的实习生,自然实习期就长,即便通过实习获得了官职,也是冷板凳。可以说,一个人尚在实习期间,官僚体制就已经对他进行甄别了。

实习的环境和要学习的内容,和读书人之前的经历完全不同。如果说充满竞争和狡诈的衙门是正常场所的话,那么之前的书斋就是"温室"和"无菌房"了。从无菌房中走出来的官场新人们,必须尽快在实习期间适应现实，才能迈好官场的第一步。

■ 如何当一个"好"官员

唐代诗人韩翃，早在唐玄宗天宝年间就考取了进士，但仕途一直不顺，将近三十年后到唐德宗建中年间仍在汴宋节度使兼汴州刺史李勉麾下做幕职。

韩翃的同僚多是年轻后生，视他为迟暮老朽，他颇有些心灰意冷，时常称病在家。一天半夜，一位平日有交情的韦巡官突然来找韩翃，满脸喜色地向他祝贺："恭喜老兄即将出任驾部郎中知制诰！"驾部郎中是司局级京官，是可以穿绯服佩银鱼的高级官员。知制诰类似于皇帝的机要秘书，还管写圣旨。这两个职务一结合，可就是响当当的实权职位了。韩翃坐惯了冷板凳，根本不相信天下有这等好事，严肃地对韦巡官说："必无此事，定误矣。"韦巡官说："我刚看了邸报。报上说，知制诰缺员，中书省推选了两个人，皇上都不满意。中书省就奏请皇上自己决定人选。皇上批复：'与韩翃。'中书省查看官员名录，现任官员中有两个韩翃，一个是江淮刺史，另一个在汴州给人做幕僚，搞不清皇上中意哪一个，便将两个韩翃的履历都送进去。皇上批复：'春城无处不飞花，寒食东风御柳斜；日暮汉宫传蜡烛，轻烟散入五侯家。与此韩翃。'"韦巡官问："这不就是你写的《寒食》诗吗？"韩翃这才觉得自己升官有望了，兴奋了一夜。第二天早晨，"老板"李勉带着僚属，集体登门向韩翃祝贺了。

这样的戏剧性情节，估计所有衙门中人都希望发生在自己身上。升官是官吏们的奋斗目标，也是评判官场中人成功的唯一标准。那么，怎么才能升官呢？或者更学术地说，政治体制提拔官员的标准是什么，看重哪些因素？

正如韩翃的例子揭示的，官员获得提拔的首要因素，最强有力的筹码就是得到皇帝（或者达官显贵）的青睐。传统的专制政体的权力结构是自上而下的，下级的权力来源于上级。最高领导（或者实权领导）看中的人选，自然是遇缺即补、重点栽培，人事部门也不敢说差，所谓"朝中有人好做官"是也。

其次，衙门提拔人也要看一些硬性条件，包括政治面貌、功名、年龄、履历等等。

政治面貌指的是待提拔官员政治上要可靠，要是现行体制的忠实信徒和捍卫者，而且还要和现在的当权者同心同德。比如南宋初期，朝野认为蔡京、童贯等人是导致北宋灭亡的奸佞之臣，所以官吏都主动与他们划清界限，提拔前都申明"不系蔡京、童贯、朱勔、王黼等亲属"；后来程朱理学被定为"伪学"，理学中人被定为"逆党"，官员们又纷纷反对起程朱理学来，声明"不事伪学"。其实，南宋初期的许多官员都是北宋遗留下来的，在北宋末期蔡京、童贯当道的时候巴结他们还来不及呢！同样，多数南宋读书人都是读着程朱理学长大，甚至凭此考中的进士，何曾"不事伪学"？不过不这么说，就等于自毁前途。同样的景象还出现在明末。魏忠贤当权时候，天下官员争相拜入魏公公门下，甘心做太监的干儿义孙。崇祯上台后，诛杀魏忠贤，清理"阉党"。官员们又争先恐后地与阉党划清界限。可见，所谓的政治面貌在古代实践操作中，往往变异为党同伐异的"站队"工具。

功名的硬性条件，比较容易理解。在科举时代，科举入仕是"正途"，其他得官方式都被视为"异途"。正途官员在仕进上有优势。清要官职一般由正途官员垄断，官场对正途官员也比较优容。明朝还规定，非进士出身且当过翰林的官员，不得被推举进入内阁。

年龄的硬性条件，则是出于生理上的考虑。随着年纪增大，体力精力衰竭，一些岗位可能不太适合老年官员。这在平均寿命偏低的古代，更为重要。比如明清时代照例对五十五岁以上的新科进士不授予州县实职，一般授予教职等闲职。本来古代人寿命就短，如果新提拔的官员没干几个月就死了，岂不是又要重启人事竞争？这太影响工作了。所以，对年龄的要求其实也是对身体的要求。由于身体表象可以伪装，而年龄可以落实在白纸黑字上，因此官场用年龄代替了对身体的要求。

履历也是提拔官员时考虑的硬性条件。履历类似于后世的简历，包含一个人的经历、籍贯和思想道德鉴定等。说到经历，前述明朝入阁的人要中过进士、当过翰林，这就包含了经历的要求。此外，明清的大学士还既要有地方州县实职工作经验（知县、知府、巡抚等），又要有中央部委工作经验（主事、郎中、侍郎、尚书）等，最好还负责过不同系统的政务。只有符合以上这些条件，传统体制才认为这个人"履历全面""视野开阔""才堪大任"。说到道德则标准虚渺，其"鉴定工作"常为豪门大族所操纵。由于说不清道不明，表演成效显著，而古代中国人又擅长表演，于是就出现了"举孝廉父别居""守孝期生子"等等丑闻。鉴于名实多不合，枭雄曹操搞过一阵不看履历看才能的"唯才是举"。不过，像曹操这样的帝王毕竟少，几乎全部朝代都很看重履历中的思想道德鉴定一项，都喜欢忠臣、孝子。

古代衙门有相当完备的履历档案制度。人事部门考核提拔官员，就以履历档案为主，往往过于看重履历。有些官员就在履历档案上做手脚。为了保证履历档案的准确性，清代要求由地方政府提供"印结"，报部核对官员履历的真实性。假如是外省赴京的还必须取据同乡六品以上京官印结，因为同乡之间毕竟对相互的经历、道德比较知晓。但在实际操作中，"印结"成了对"造假"的追认。清朝常有人出于人情或贪图钱财而"滥给印结"。后来,京官们干脆组成同乡机构,推举年长者负责给赴京的同乡"有偿印结",所得款项平分。

以上这些硬性条件对升官的作用,仅次于皇帝和高官的赏识提拔。有志仕途的人,要早做筹划,估算好年龄,安排好不同年龄段的职位,争取全面的任职履历,还要在道德品质上不出差错。有一个官场名词专门说那些硬性条件出众的人,阻拦在其他人前面,似乎已将升官希望括入囊中的行为——"卡位"。这就好像春运期间去火车站排队买票,有一个人总是站在你的前面。你俩可能是同时到的车站,他毫不犹豫地就选择了现在的队伍,而你犹豫观望了一下才过来排队,所以落在了他后面;你们可能是同时出的家门,他抓紧时间紧赶慢赶,而你在途中走马观花或者走了一段弯路,所以落在了他后面;或者干脆他就是起得比你早。之前的各种细节都可能导致对方站到了你前面。由于位置的前后之别,也许他就买到了本次火车的车票,而你只能等下一趟火车了。仕途也是如此,要想卡位成功,就要从起跑线上开始发力。

第三,如果候选人都没有受到上级的青睐,硬性条件又相仿,他们就只能根据再次一级的升官因素竞争了——政绩。

为什么硬性条件要高于政绩呢?按理说,一个人的政绩大小,才是他能否得到提拔最重要的因素。但是,所谓的政绩毕竟是"软"的,什么是实绩,什么是虚饰,什么是真政绩,什么是假表演,都是见仁见智的事情。考虑到古代官场中多"表演艺术家",政绩就更加不可全信,不可作为优先的升官依据了。其实,上级的青睐、履历等硬性条件和政绩这三项升官依据,是按照软硬程度,从硬到软的顺序来排列的。

具体到政绩如何衡量,就涉及考核的问题。中国很早就开始考核官员的工作成绩。比如秦代的上计制度就是衡量官员政绩用的。郡臣

▲ 外国官吏朝贡

于年初将一年的赋税收入预算写在木券上，呈送国君，国君把木券一分为二，国君执右券，臣下执左券。到了年底，预算完成了，留任；完不成，罢免。考核制度在唐朝得到完善，文官一年一考，标准为"四善"和"二十七最"。四善是：德义有闻、清慎明著、公平可称、恪勤匪懈。这偏重思想道德和工作作风。二十七最根据不同职务而定，偏重于政绩。比如司法的标准是"推鞫得情、处断公允"，也就是公正司法；教官的标准是"训导有方、生徒充业"，也就是要教出好学生；"校（书郎）正（字郎）"的标准是"雠校精审、明于刊定"，这类似现在出版行业对校对人员的考核要求。官员获得几善几最，对应获得考核等级，上等升官，下等贬官或者斥退。

明清时代继承了前朝完备的考核，作为官员升降的依据，同时又注重差异性。各地州县政务基础、繁简、难易程度不同，就不能按照统一的标准考核。洪武朝根据各州县负担的赋税数量将职位划为"繁"或"简"。隆庆朝进一步将天下府州县按照"大小、繁简、冲僻、难易"四项标准划分上、中、下三个等级。下等县的知县考核标准与上等县的不同，而下等县的知县调任上等县知县，也视之为升官。清朝划分的标准也是四项：冲、繁、疲、难。"地当孔道者为冲（地理重要），政务纷纭者为繁（事情纷繁），赋多逋欠者为疲（税不易收），民刁俗悍、命盗案多者为难（治安复杂）。"四字全占为最要缺，占三字者为要缺，占两字为中缺，只占一字或一字也不占的为简缺。出任"最要缺"的要有州县长官经历，而且考核成绩出众；出任"简缺"的往往是初入仕途的人。大画家郑板桥入仕之初就担任山东西部小县范县知县，干了一任后考核优异调任潍县知县。潍县城郭高大、人口稠密。郑板桥虽然还是知县，却是升官了。

古代皇帝对下面的人事提拔实情心知肚明。所以，那些想有所作为的皇帝就要跳出既定框架，搞些"不拘一格降人才"的举动，也算是无奈之举。

■ 纱帽底下无穷汉

古人云："八仙过海，各显神通。"衙门内上起老爷佐式，下至长随胥吏，什么职份弄什么钱财，什么名目用什么法门，前面已介绍过许多，后面还少不了再说。这里，作者仅以颇具代表性的明清时代衙门风气为例，把州县衙署的几项主要弄钱技巧描述一下：

脚踢淋尖。也称"淋尖踢斛"。老百姓缴纳粮食时，官府用个大斛做量器，谷物要在斛中堆起成尖，然后由仓斗级用脚踢上几脚。这溢出来的谷物，据说是弥补储存和运输过程中损耗用的，不许纳粮人扫回去。其实一向都由官府留下按职务高低、亲疏关系等私分了。

别小看这么几踢，按清代户部的估算，这一份"尖米"，与"正收"的比例，起码是每石要占四五升之多。后来为整顿财政，倡廉反腐，索性由户部颁布标准，将"尖米"打入"正收"。但上有政策，下有对策，基层官府在具体操作时，又来个"尖上加尖"。明代顾炎武在《漕粮论》中痛斥"淋尖踢斛"是"巧取于民之术"；清代黄六鸿在《福惠全书·钱谷·仓收陋弊》中，也有"毋许借端留难，恣意淋踢"一说，可见这个弊害从未消失过。

折色火耗。明清时商品经济已有相当程度的发展，老百姓缴纳各种赋税时，官府也不是全照规定征收谷物、布帛、丝麻、棉花等实物，而是改征银子。又说是熔锻银子时会有火耗损失，这也得弥补，办法是正额之外加征若干。比如每收一两地丁银，加征几分乃至一钱；同时又可以借口说银子成色不好，得打折扣算份量，名曰折色。如果老百姓用铜钱缴税，又可以把钱价压低，倘市价是两千文钱合一两银子的话，到衙门里就是二千二百文乃至二千四百文合一两银子了。所有这些溢余部分的去向，全和脚踢溢米一样。

包荒升科。包荒即劝垦荒地，州县衙门往往谎报开荒成绩，增广粮赋，实际上荒田未开一亩，增加出来的田赋都分摊到熟田上，再利用国家奖励垦荒的种种优惠政策上下其手。升科的本义，就是古代官府按田地之脊薄膏腴程度，分为若干等级，再按田地等级规定税则，称为"科则"。若原为荒地则可免征，若干年后估为薄地酌征，又过若干年后估为熟地加征，就叫"升科"。借助升科加征，也是州县衙署取巧肥私的惯用伎俩。冯梦龙当寿宁知县时，曾想以升科数抵悬欠数，让老百姓喘喘气，可立即受到书吏们的抵制，因为这将减少整个衙门中全体成员的实际收入，老冯乃以"余不得已而听之"自我安慰。

上述这几项，都叫"陋规"，冯梦龙抵制不了，其他"清官"也抵制不了，甚至端到皇帝面前也不用害怕。清朝雍正时，山西巡抚诺岷曾向朝廷建议，把这些"耗羡"全部提解到省库，先抵补亏空，剩下的分给全省官员，这是一种认可"陋规"、但又在全省州县衙门之间搞"平调"的办法。雍正帝要九卿讨论，尽管京官们都靠地方官从这"陋规"里匀出一部分来调剂，可到了御前，全不敢吭声。这时，有名臣之誉的沈近思发言了，他说这样不行，其结果必然是原有的"耗羡"之外，又增加出新的"耗羡"，别人不知道内中详情，臣起家县令，所以知道这法子行不通。雍正帝问他："那么你当县令时，也贪这耗羡啰？"沈近思坦然答道："不是贪耗羡，要养活一家老小呗。"好多人都替老沈捏一把汗，岂知皇上也没再责骂他。接下来，诺岷的办法被推广到全国，所有州县衙门都要把"耗羡"解交省库，由省署依各州县"缺分"区别，发给大小官员"养廉银"，变非法收入为合法收入。可是再接下来，沈近思预言的情况就出现了——"耗羡"解省统一分配，州县老爷们碗里装满了，可还有那么多书吏、差役、师爷、长随们，不能眼看着锅里荡空呀？不消细说，新的"耗羡"又出来了。当时民间有句俗语，叫"三年清知县（府），十万雪花银"，这是真实情况稍微带点儿夸张，大抵一个知县正堂，事事保持清廉，除拿进这几笔陋规外，不作任何额外需索，更不接受贿赂，一任做下来少说也有近五万两银子进账，扣去孝敬各级上司的"节敬""炭敬""冰敬"等支出外，一年净得一万是没问题的，三年就是三万了。知府比州县官高一级，还要收受各州县官的孝敬，则"十万雪花银"也就不是落空之语了。明代著名思想家李贽入仕后，当过国子监教官和地方学官，又分别在北京礼部和南京刑部各当了五年京官，一直在叫苦；等委派到姚安知府任上，不贪不赂，光凭这几项陋规、"常例"，马上富了起来，做满一任后主动退休，从此再不用为衣食住犯愁。倒是族里人眼红他的财产，要他拿钱出来置族田、盖宗祠、办家塾，还硬指派一个族侄当他的继承人。

一任"清知府"便能惹下这许多麻烦，倘以下还有"清知县""清佐式""清杂职""清吏胥"的话，自然也可以依次降等估算。读者当知"千里当官只为财""纱帽底下无穷汉"这些老话，皆非虚妄之语了。

第二节　古代衙门潜规则

■ 衙门官员的强大"靠山"

"朝中有人"打哪儿来？科举出身的官员，都是主考官的门生，而有资格担任主考官的，起码是六部侍郎或者尚书级别，这就叫靠山；杂途出身者，吏部铨选后，赶快备份厚礼走朝中大佬的门路，递张门生帖子请他老人家收下了，也就有了师生关系。

于是这些真门生、假门生到省署报到时，个个怀里都揣着一封"八行书"，这就是大学士、尚书、侍郎们拜托省署老爷请多关照的"介绍信"。不过，这种"八行书"都是"一次性"的，以后还想攀住这棵大树的话，要看巴结的功夫。王明清著《玉照新志》上说，岳飞父子被秦桧杀害后，其子孙皆迁徙福建、广东，靠地方官府计日发给口粮活命。漳州知州要攀秦桧这棵大树，上奏建言："叛逆的后代不应该留在世间，请求批准，把这份口粮供应给停止了，使他们自绝。"这是一种露骨的献媚，历代都有，大凡一个权臣当朝，天下州县至少要有一半拜在他门下。明清时州县官员地位更卑微了，不大有直接上疏的机会，只得拜托巡抚代奏，于是讨好朝中大佬的办法，清一色改做送礼，夏天叫"冰敬"，冬天叫"炭敬"，过节叫"节敬"，做寿叫"寿仪"，都有专人给送到府上。若是奉诏朝觐，亲自进京，则开销更大，官场上有"朝觐年为京官收租之年"的老话,反正晦气都出在老百姓头上。像于谦、海瑞这些笃信"清风两袖朝天去"的人是不多的,所以那把交椅也极不牢靠。

亲贵权臣、中枢执政以外,可资攀援的还有"三同",即同年、同乡和同门。其中目标比较集中的,尤在吏部和御史台等部门,前者有地方官员的任免升黜大权,后者有监察弹劾之责,这都是香火应烧到的菩萨。明朝英宗时,监察御史时纪因差入陕,枉道回家,长垣县县丞萧节之"夤缘交结,挟势取民间女子"献为妾,被揭发出来后全都得罪。论原因还在于时纪溜回老家时目标太大了一些。反过来,如果没有辫子被政敌揪在手中不放,则好处极多,如杨乃武小白菜冤案七审七覆而难以昭雪,说到底就是余杭知县被一张两湖同乡的关系网给包住了。宋朝时刘随任永康军判官,以清廉著称,人呼"水晶灯笼",上面托他对属下一个知县照顾些,可那知县是个贪官,刘随不给面子,其结果是"水晶灯笼"自己得了个为官苛刻不能胜任的考语,而被罢免了。有时候,小小州县只要把朝里权臣的粗腿抱紧了,甚至连皇帝亦不用过分害怕。唐代玄宗时,李林甫执政,新丰县县丞吉温拜在他门下,很讨欢心。有人曾带吉温去见过唐玄宗,唐玄宗事后对人说,这人不是好东西,我用不着。可李林甫一手遮天,又把他调为万年县县尉。万年县是京县,这一调其实是提升了。

再往深处细究,锦上添花原是中国官场上的老习气,像刘随这类不买上头情面的官员,毕竟是少数,多数人只要知道属下有京朝靠山,都会优容有加,那就叫"不看僧面看佛面",兴许还能借你之手眼通天,助我之飞黄腾达。清朝时,有个江苏人叫刘玉书,靠花钱捐一杂职,到北京吏部候选了许多年,凭着熬年资才熬出一任广东某县的巡检实缺。按清朝制度,除授杂职后,要到午门外"望阙谢恩",但搞到后来徒存具文，没人去实行的。可是这位巡检老爷挺认真，得缺的次日清晨，天还没亮，就换上朝服，恭诣午门，行起了三跪九叩大礼。当时正下雨，他在雨中从容叩拜，丝毫也不犯礼仪。恰巧，有位王爷入朝值班，坐肩舆打午门前经过，见了这情景很奇怪，便叫跟班去问问是什么人，在干什么？跟班问过后转呈："新选广东某县某司刘玉书叩谢天恩。"王爷听了，肚里发笑。待会儿入宫进了朝房，恰巧遇见进京陛见的两广总督，不由想起了刚才那一幕雨中奇景，开口说"贵属下某县某司巡检刘某……"才讲到这儿，里面太监"叫起"了，王爷忙匆匆入内。这位总督已陛见过了，也就赶着赴任去，只当王爷拜托他多关照这位巡检，便存了个心思。未久，刘玉书果然来两广总督行辕参见了，照老规矩，似这等杂职、未入流辈，只要递一个手本进去，见总督大人一面是决无可能的。偏偏总督行辕的门政大爷早就接了主人的叮嘱，一见刘某人来，赶快通报。总督传令趋见，又问："某王爷安好？我出都时，来不及向他辞行了。"刘玉书这会儿只把脑袋多碰几下，再哼两声"是，是"，就算完事了。这以后上任未满一年，总督便特地让他兼了个征税的差使，发了不少财。既而有事进省去参见总督，总督说："你官职太小，我亦无法提升你，再捐两阶吧。"刘玉书又是磕头称是，马上再捐个知县候补。广东巡抚和藩司只当此人是总督的亲信，立刻让他补了实缺。此后，凡有好官缺都由他沾光，数年间，连捐带保，居然升到了司、道一级。按清朝制度，地方官员正七品以上，初次任用前，都得进京引见。刘玉书也不例外，这会儿是总督拜托他带上礼物和信件去看王爷了。王爷早就忘记了多年前午门前的那一幕，看见总督来信中极言刘某人心地忠厚，才具优长，已荐保至道员云云，反过来又当他是总督的亲信，只是弄不明白"刘某何许人而劳谆谆道及"。第二天，王爷又入值，恰逢广东某道员出缺,皇帝征求王爷意见,该派谁去?王爷意中一时无人,马上做个顺水人情给两广总督,就推荐了刘玉书。一个引见候选的道员能马上补缺,这在清朝也是稀罕事。因为清朝捐官,最高可捐到道员一级,有钱人都买这个顶戴装门面,一时有"盗(道)如牛毛"之说,但真能放实缺的没几个。两广总督和属下官僚眼看刘玉书引见未久,就得意洋洋地回广东上任,能不认定他确实是王爷的红人吗?从此王爷当他是总督的人,总督当他是王爷的人,那可真叫做是"朝中有人好做官"哩。

当然,官场上又有句俗话,"现官不如现管",这在州县衙门中体现得尤为充分,运用起来也最为贴切。因此州县正堂、佐式得奉承府、道和省署,衙署杂职吏胥又得巴结州县正堂和佐式,前述"坐省家丁""坐府家丁"之类,便是缘此而来;一级吃一级的"孝敬",

形成定例。古代有一篇《奇文共赏八字墙》里,曾讲过知县过生日出告示让佐杂属吏送礼的事,回头佐杂们也做生日让管下送礼,否则,这班吏胥杂役们的饭碗也端不牢。李宝嘉所著《官场现形记》里,有一回《钱典史同行说官趣》,这位"四老典"告诉赵举人说,"一年之内,我一个生日,贱内一个生日,这两个生日是刻板要做的;

下来老太爷生日，老太太生日，少爷做亲，姑娘出嫁，一年上总有好几回。"赵举人诧异道："我听见王大哥讲过，老伯还没养世兄，怎么倒做起亲来呢？"钱典史道："你原来未入仕途，也难怪你不知道。大凡像我们做典史的，全靠着做生日、办喜事，弄两个钱。一桩事情收一回份子，一年有上五六桩事情，就收五六回的份子；一回收上几百吊，通扯起来就有好两千。真真大处不可小算。不要说我连着儿子、闺女都没有，就是先父、先母，我做官的时候，都已去世多年；不过托名头说在原籍，不在任上，打人家个把式罢了。这些钱都是面子上的，收了也不罪过；还有那不在面子上的，只要事在人为，却是一言难尽。"

这番自白，又可以当做"生日告示"的续篇来读。

■ 层出不穷的"窝里斗"

天高皇帝远，衙小老爷多。老爷一多，宦海兴波，窝里斗的景观便层映迭现了。官冗吏滥，事权混淆，这就足够造成一个动辄磨擦的氛围。

仅从官制上看，州县衙门的交椅，都有定额，但实际上远不是这回事。上司对某县令不满意了，随时可以再派一个人来署理或协理，原有的那一个又不能擅自去掉，这就有两位太爷了；同样的办法，也可以施之于佐式和其余杂职上，结果各色名号的老爷便可能有一排。海瑞做兴国知县时，曾写过《兴国八议》，专门揭露这等弊端，比如捕盗之事，该由典史管的，可兴国县还有什么"捕盗主簿"；又如清军工作，该由管粮主簿负责的，但兴国县里又有什么"清军县丞"。照他的意见，这些多出来的交椅，都应该撤掉，否则既糟塌了俸禄，还影响了行政效能。其实他哪知道这是"本朝"传统，更是历代传统，没给他加派一个平级知县来算是客气的。比如明英宗正统十四年（1449

年），周忱巡抚江南时，各州县衙门里都增加了好多佐式，良山县至少有两令三丞四主簿之滥。有个叫王廷巩的县民，当周巡抚来良山视察时，特地预先在其行馆墙壁上题诗一首："良山百姓有何辜，一邑那堪两大夫？巡抚相公闲暇处，思量心里忸怩无？"（《坚瓠补集》卷1）倒不是老百姓养不起两个县太爷，须知老爷一多，吏胥和"自家人"也就要相应增多了。追溯起来，这种现象甚至在号称吏治澄清的明初就已相当严重，如松江一府三县，便有吏胥1350人，"吏有正吏、主文、写发；皂隶有正皂隶、小弓兵、亘司；牢子有正牢子、小牢子、野牢子等名色，又有自名小官、帮虎等"（《大诰续诰·松江逸民为害》）。养活这一大帮子，还要受他们骚扰，老百姓就不堪忍受了。

衙门外百姓喊不堪，衙门内亦自斗得欢：你是朝廷除授的，他是上司指派的，我又是凭着朝中有人来坐"加座"的，互不相让，又各自拉起一伙人马来，那场面还能不热闹吗？《后汉书·卓茂传》记卓茂任密县县令，一到任便和衙门里的吏员闹矛盾，郡太守趁机又加派一位守令（代理县令）来，卓茂"不为嫌，理事自若"，读者不难想像这又该闹成什么情形。传记注引《东观记》曰："守令与（卓）茂并居，久之吏人不归往守令"，看来吏员们究竟是否向哪位老爷请示公事也没个准，这拉帮结派也就难免。

窝里斗的起因，又不止于"老大多，要翻船"，有时候为个名份礼仪，便可以闹成"一山不容二虎"的局面。比如唐宋时代，州县正堂和佐式都是进士出身，品阶都差不多，可职务上有主次尊卑之分，这就是矛盾因子了。《山堂肆考》上说唐代时张象登科，授华阴县主簿。那位县令老拿第一把交椅的权势压他，他受不了，长叹一通："大丈夫有凌云盖世之志，而拘于下位，若立身矮屋之下，使人抬头不得！"一光火，丢下官跑出衙门。反过来，也有厉害的事例：《宋史》上说司马池中第后授永宁县主簿，和知县关系搞得很僵。司马池为公事去找他，他南面傲坐，连礼也不还。司马池走过去一把将县太爷的身体揪转来，让他好好坐正听自己说话，这位太爷倒也就服软了。

比之名份礼仪，意气相争的事又要多一些。海瑞曾以做淳安知县的体会，写过十一篇参评，对知县、县丞、主簿、典史、教官、阴阳官、医官等每一种官职的主要任务和容易出现的毛病都议论了一番，编成了《淳安政事》。比如他对县丞的要求是，做好知县的得力助手，不可独断独行，更不可袖手旁观。这态度比之韩愈在《蓝田县丞厅壁记》中所写，倒是积极得多。但如果知县和县丞都各有主见互不相能呢？这就少不了吵架，如《渊鉴类涵》引《汇苑》记，裴子雨为下邳县令，张晴任下邳县丞，两人俱有声气，又都会说话，一争起公事来，能正言疾色地辩个半天。吏员们可幸灾乐祸啦，躲在一边议论说，长官称"雨"，赞府道"晴"，终日如此不和也。比之更不堪的例子还有，云间颠公著《清代官场百怪录》，谓商城县令和典史有积嫌，但典史和县令的几个幕友关系不错，常去知县署内找他们聊天。典史署后有短墙，正与衙门内署相连，有时典史嫌绕圈子进县署不便，就跨墙过去。某日恰巧为知县撞见，硬说典史做贼，不容分诉，重打一顿，"明日，典史哭诉二尹、三衙，皆愤抱不平，愿与联名上控。令大惧，挽广文（学官）调停：以五百金为典史养伤费，典史视孔方兄之情，遂忍气吞声，不与之较"。

由两汉迄明清，州县衙门中窝里斗的另一突出景象，就是官与吏斗，起因则多为"小猢狲弄权，不认的生人面"。《后汉书·张升传》谓张升代理外黄县令，杀了一个受贿赂的吏员，即遭此同类警告：代理一时，"何足趋明威戮？"《宋史》记陈诂知祥符县时，严治贪吏，吏员竟集体"罢工"，让他无法办公，朝廷闻之，果然欲罪陈诂，亏得陈尧佐出来说话,"罪(陈)诂,则奸吏得计,后谁敢复绳吏者?"一卷《明史·循吏列传》上,更是满载吏斗老爷的史实:如明宣宗时范希正任曹县知县,"有奸吏受赇,希正按其罪,械送京师。吏反证希正他事,坐逮";徐九思任句容知县时,"有吏袖空牒窃印者"被他当场抓住,居然全衙门的吏员都来解救;永康县衙门的吏员更厉害,"素多奸黠,连告罢七令",直到穆宗隆庆二年(1568年),来了个智勇双全的张淳当知县,这才把他们全镇服了。

自然,衙门里的内争,也不尽是意气相争、权力相争,正欲克邪、清要治贪的成分也还是有一些的。不过既有一把交椅,总有它的来历,相争中寡不敌众、正伏于邪的结果又要居多,这便是自古清官挂冠多的原因之一了。

■ 衙门官员"黑吃黑"

俗话说,"大鱼吃小鱼",衙门之中自然也不例外。在衙门里面,胥吏、差役是小鱼,长官是大鱼;而在各个衙门之间,下级衙门的长官又是小鱼,上级衙门的长官是大鱼;而所有各级地方衙门的长官对朝廷及他们的皇上来说,又统统都是小鱼。各级衙门官吏既相互勾结、相互庇护,又尔虞我诈,勾心斗角。他们为了各自的既得利益,演出了一幕幕"黑吃黑"的活剧。

在衙门内部,胥吏、差役是长官的帮凶。许多衙门长官不能亲自出面的事,都要假胥吏、差役之手才能去办。但衙门之中的事,多一个经手的,就多刮去一层油水,这又势必影响到长官的利益。于是,上下级之间、主仆之间、宾主之间,为了各自的既得利益,有的暗地里弄手脚,有的干脆大打出手。

在《官场现形记》里,玉山县知县王梦梅通路子"买"到了这份好差使。因为"买"官欠下了债,便将他的两个债权人一同带去上任,一个管账房,一个做管理案件的差役。他们之间,既是主宾、主仆关系,又是债务人与债权人的关系。而那两个债权人便仗着这层关系,大肆盘剥。王梦梅也存有心机,他任凭二人胡作非为,想等有一天弄出事来,便借机重办他们,永免后患,不但可以吞没借他们的钱,还可以得个好名声。可偏偏那两个人也不是吃素的,给他来了个针锋相对,稍稍耍了个手段,搞得王梦梅在征收钱粮的好时节一个钱也没有弄到。王梦梅想用知县的权力整他们,可他们又以债权人的身份向他要债,直弄得水火不相容。最后还是知府衙门的师爷出来做调解人,才算把事情摆平,可也已经闹得两败俱伤。事后王梦梅又被府衙的师爷重重地敲了一笔钱。

衙门之中"黑吃黑"的另一种表现,就是"螳螂捕蝉,黄雀在后,弹丸又在其后",一级吃一级。清朝顺治年间,江都县有一知县,以贪酷著称。每事不论大小,不问有理无理,若银子到手,无理也是有理;没有银子送来,有理也是无理。板子、夹棍,都是他赚钱的家伙。以至于贿赂公行,百姓怨声载道。巡抚得知这一情形,送来一封密札,明里是对他警告,暗里则是对他敲诈。知县接到密札,果然惊恐万分,为了保住乌纱帽,亲自带了二千两银子赶赴省城,可巡抚嫌钱少,拒不接见,一直加到三千两才答应。知县刚

▲ 探亲访友

把巡抚这里摆平，没想到家里遭强盗抢劫，官银被抢，知县气急之下，一命呜呼了。由于他在任时亏空太多，家人被逮入狱追赔。可家里的钱不是被抢，就是送给上司，哪里赔得出来。他的儿子想巡抚白白得了几千两银子，便去找巡抚求助。没想到巡抚也因贪赃，被京中御史弹劾，撤职查办了。知县儿子求助无门，又赔不出钱，最后也死于狱中。知县贪赃枉法，落得这样的下场，也是罪有应得，只是家人受他连累，惨死狱中，还白白被巡抚敲去数千两白银。

衙门之中"黑吃黑"的还有一种表现，就是利用职权，挟私报复。小说《梼杌萃编》中的贾端甫在通州师爷府上教书时，陪着知州少爷增朗之等人去逛妓院，被增朗之当着妓女的面嘲笑，因此他便怀恨在心。后来贾端甫仕途得意，一直做到湖北按察使。此时，那位增朗之正任汉阳府署理知府，因为诱奸师爷的小妾，弄出人命，被师爷一状告到贾端甫那里。贾端甫见报复的机会来了，先请布政使撤掉了增朗之的职务，以便审办，然后收集所谓"因奸致毙人命"的证据，革去他的官职，委派武昌知府审理此案，并明白地告诉武昌知府，如果增朗之不供认，不能留情面，尽管用刑逼供。还是这武昌知府看在同僚的面上，不好意思让他躺在阶前脱衣露体挨板子，便劝说增朗之看在官场脸面的份上，从实招供，免得受苦。这增朗之原来还希望贾端甫看在故交份上，会帮他一把，代为开脱，没想到反而逼得这样紧，只好如实供认。按照这贾端甫的意思，要判增朗之一个死罪，亏得武昌知府等再三求情，才定了个发往军台效力的罪名。增朗之因往日一句戏言，弄得丢官卸职，谪戍遐荒，身败名裂，还险些招来杀身之祸，虽然是咎由自取，但贾端甫为旧日一点小事，利用职权，私仇公报，甚至不顾官场体面，手段也过于毒辣了。

拓展阅读

小官也须皇帝管

各级主官利用自辟秘书、主簿等方式在官场上搞小圈子的现象,到东晋南朝已发展到极致;与此同时,着意加强集权、整肃吏治的历朝政府也在采取对策,为其后的改制开启了先河。笼统一点说,古代官署的办公室主任体制,大抵从隋唐起,转入全面变革阶段。其基本特征,就是从基层到中央,所有的办公室职位全部从以往的多由主官自辟,改变为由中央任命。

刘崇望任唐僖宗秘书时,替皇帝起草过一篇《授杨彦奉国县主簿、尚殷美万县主簿制》,其中就提到"主簿之官,大要在其勾稽,一同百里,不亦难乎。无言小官,而忘干事;黜陟劝沮,勉自为谋"。意思就是一个小小的县办主任,同样也寄托着皇上赋予的重任,这就从选任方式上彻底切断了主官与主任的私人联系。研习唐史者都知道,在唐代,官阶为从九品上的县主簿与县尉一样,均为初任官必试之职。许多进士登第的公务人员,正是从这个岗位步入仕途的。

因为相对于主官而言的"独立人格"已经由中央选授的制度重塑,所以地方衙署办公室主任的地位获得显著提高。汉代县政府成员只有县令、县丞和县尉三个是中央任命的官,主簿则是县官自辟的吏;到了唐代,主簿由吏升为官,在令、丞、簿、尉四大领导中排名第三。过去,人们常用"印曹"作县办主任的别称,意思是管图章的;从唐代起,又多了一个外号叫"纠曹",就是兼管纪检的。玄宗时,乔潭应邀作《会昌主簿厅壁记》,开篇即言"主簿,纠曹也",可见这个称谓在盛唐时已经很流行了。

这一整套有关地方各级官府办公室主任来历、职掌、官名和特殊身份的制度,多被五代两宋继承,所以我们在概观古代官府办公室主任制度演变并作阶段性划分时,隋唐两宋基本上是同一个段落。

第三节　衙门贪官如何养成

有人说：权力扭曲人性。这句话换个通俗的说法，就是衙门中人在官场待久了会显得与平常人不一样，沾染上或多或少的精神疾病。因为这些病是在职业生涯中患上的，我们可以将其归入职业病的范畴。可怕的是，衙门中的职业病会传染，害得社会中也感染上了一股"官病"。

■ 官场中的"礼尚往来"

送礼，是官场中人的必修课。送礼可以拉近人际关系，编织关系网络，而关系是官场中的黄金资源。还有人将送礼看做是官僚体制的"润滑剂"。礼物送出了手，官僚机构中的障碍多少会消除掉一些，政务执行就会畅通起来。相反，如果不送礼，政务执行起来就会磕磕绊绊。官员的个人升迁、祸福，更是如此。

然而，送礼是一门大学问。送得好了，会给人际关系加分；送得不好，反而会败坏人际关系，甚至可能给自身带来损伤。

南宋初年，秦桧的夫人王氏常到宫中和皇太后套近乎、拉关系。一次，皇太后对王氏说起近来自己很少吃到大的子鱼。王氏马上说："臣妾家里倒有许多，明天奉呈一百条给您。"回家后，王氏告知秦桧。秦桧万分焦急。一百条子鱼对他不是问题，可皇太后吃不到的鱼，自己却随随便便拿出来了，岂不显得自己的生活享受比皇帝和皇太后还要好！老婆答应的这份礼，简直是一颗已经拉了弦却扔不出去的手雷！秦桧冥思苦想，终于想出一个主意，第二天让王氏送进宫内一百条青鱼。青鱼很普通，满大街都在叫卖，王氏却说这就是子鱼。皇太后见此并未吱声，待王氏走后，她忍不住哈哈大笑，对左右侍从说："我早听说秦桧的夫人是个乡下人，没有什么见识，现在看来果然不错，她连子鱼和青鱼都分不清。"如此一来，秦桧不仅把烫手山芋轻松扔掉了，还让皇太后觉得自己和夫人生活俭朴、忠厚老实。

不过，不是人人都有秦桧这样的智商的。所以，礼物的选择很重要。既要隐藏自己，又要讨好他人，不是什么东西都可以送的。当你不知道对方的兴趣爱好，又没有能拿得出手的器物古玩的时候，钱就是最保险、最现实的选择了。因此，绝大多数官场"礼尚往来"都是直接送钱，这也是为了避免"秦桧送子鱼"的尴尬。

明白了"送什么"，接下来"怎么送"也是个大问题。总不能直接把钱塞到对方手里吧？也不能在深更半夜把钱塞进人家门缝吧——人家哪会知道是谁送的啊？

古代官场中人的智商都不低，早早地就创造出了稳定的送礼平台。上面有名目，有事由，有对象，也有具体金额。最后，送礼变成一件平常无奇的事情，成了官吏们的日常功课，自然也就没有任何风险可言了。我们拿清朝时期官场上的礼尚往来为例，看看这个平台的运作情况：

清朝官场送礼，首推"三节两寿"礼。三节，分别是春节、端午和中秋；两寿，分别是官员和他夫人的生日。遇到这五个日子，平常人家也要相互送礼，官场中人更是逮住机会，大张旗鼓地送起来了。只不过金额大得惊人。比如清朝中期陕西粮道给西安将军的"三节两寿"礼，每次是八百两白银；给八旗都统的礼物，每节是二百两白银。这些人是有业务往来的。而陕西巡抚是粮道的直接上司，三节礼扩展成了四季礼，粮道每个季度要送巡抚一千三百两白银。陕甘总督是粮道上司的上司，但因为领导关系隔了一层，只要送三节礼就行了，每次金额降为一千两白银。关于两寿礼，有一个官场笑话，说的是某县官吏凑份子钱给县太爷过生日。县太爷属鼠，大家就用凑的钱做了一只黄金老鼠送给他作为寿礼。县太爷很高兴，说："过几天是夫人的生日，她是属牛的。"

"三节两寿"礼对地方官来说比较实用，因为他下属多，又管事管钱，能收到厚礼。对于京官来说，它就不太实用了。京官们最在意的是"两敬"。一个是冰敬：夏天的时候给京官送钱，让他买冰降温祛暑；一个是炭敬：冬天的时候给京官送钱，让他买炭保暖御寒。每到酷暑和寒冬的时候，地方官员就纷纷派人往京城各个衙门和相熟的官员家里送钱。对于一些利益密切的京官，地方官还多送一个"瓜敬"，顾名思义就是送钱让京官买些瓜果蔬菜吃。

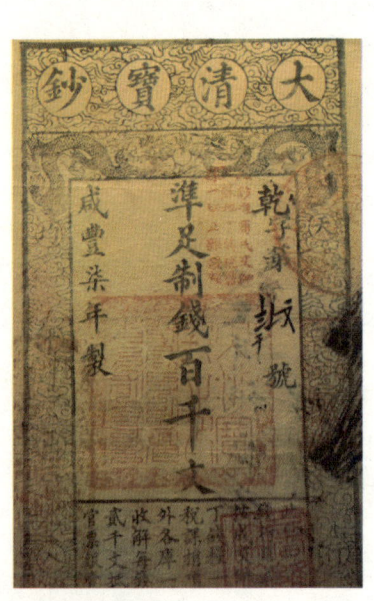
▲ 清代银票

京官的另一个重要收礼途径就是"别敬"。新官拿到委任状离京赴任之前，地方官在北京办完公事离京之前，都要给相关衙门的官员和相熟的京官送礼告别。曾国藩在给儿子曾纪泽的信中，说到他曾给三江两湖五省的京官送过一万四千余两别敬礼。

京官收入渠道单一，和地方官相比生活清苦，因此有"穷京官"之说。好在他们靠近权力中枢，掌握着能够决定地方官祸福的权力，所以想方设法要揩地方官的油水。地方官总是要进京办事的，一进京，消息迅速传开，各种各样的京官马上蜂拥而来。有同年（科举同届）、曾经的同僚、同乡和八竿子都打不着的亲戚。地方官也就大方地大开筵席，同时撒钱。筵席一开，来的人往往更杂，"漠不相识，绝不相关者，或具帖邀请，或上书乞帮"。地方官"怒其无因，闵其无赖，未尝不小加点染"。这里送一点，那里送一点，花销就大了去了。到后来，地方官将进京视为畏途，非到万不得已之时不敢进京。光绪年间，张之洞担任山西巡抚，发现山西离北京很近，但官员们极少进京"联络感情"或者办理公事。他觉得很奇怪，一问才得知：原来山西官员也想进京跑部委、拉关系，无奈囊中羞涩，轻易不敢进那个"无底洞"。

此外，还有许多种礼是官场中人都能享受到的。比如"程仪"：官员出差的时候，沿途官员送的红包，表示资助盘缠的意思；"妆敬"：送给官员家中女眷的，让她们买胭脂香粉用；"文仪"：送给官员的孩子们，资助他们文具书籍，希望他们好好学习天天向上。官员家中有喜事，会收到"喜敬"；陪同领导下去视察，会收到"陪敬"；如果送礼方觉得原先送的礼分量不够，会加送"加敬"；就是领导的秘书或跟班，也会定期收到"门敬"或"跟敬"（在清朝，幕僚和随从的能量很大，甚至能蒙蔽官员主子，官员也不得不仰仗幕僚和随从开展工作）。

以上这些礼都是个人和个人之间的（如果谁动用了公款送礼，那就另当别论了）。清朝官场还有许多衙门和衙门之间、机关和机关之间的送礼行为。

比如地方政府要向中央各部委缴纳"部费"，也就是"麻烦"部委官员的"辛苦钱"。拿刑部举个例子，各省每年必有案件呈报，要麻烦刑部官员按时处理就得给送辛苦费。四川按察司每年都要送六百两"部费"给刑部。又比如地方官员晋升,赴任的时候需要有吏部发出的正式通知,如果吏部没有拿到这个官员的"部费",就迟迟不给他发晋升的通知,熬得你最后不得不低头。再比如户部,晚清时各省往户部送财政款项(现银),送一万两就得交六十两的"手续费"。不送的话,户部的大小官吏就会在银子的成色、分量上横挑鼻子竖挑眼,四处刁难。到了地方,同性质的"部费"依然存在,只是换成了"使费"。地方衙门之间的政务往来,每一桩每一件,也都得送相应的"使费"。

各种各样的送礼名目交织在一起,像一张巨大的网络,将每一个官员都网在其中,疲于应付又不得不应付。张集馨担任陕西粮道的时候,每天都要迎客、赴宴或者看戏,有他主请的,也有他被请的,更有他陪坐的。每一个圈子、每一条线上的礼尚往来,他都不敢掉以轻心。只是在给朋友的信中,张集馨对这种迎来送往、吃吃喝喝的官场礼节大不以为然,他说:"终日送往迎来,听戏宴会,有识者耻之。"

清朝官场礼节的特点除了"多"之外,还有一个"厚"。每一份迎来送往的礼节"金额"都不轻,那么多礼加在一起就更重了。这么多、这么厚的礼,有时还不足以满足官场中人礼尚往来的需要。有的官员还需要额外的"礼节"往来。这些礼节也被冠以"敬"的名字,绝不能说"钱"。如果点明了是钱,一来太俗,二来也有行贿受贿的嫌疑。清朝官员就在装有银票的信封皮上以诗词中的数目或经典的篇数代表钱数。比方说,送三百两银子的银票则代以"毛诗三百"。宣统年间,皇叔载涛有一回收到"炭敬",封皮上写着"千佛名经"四个字。他很纳闷,当着几位要员的面说:"送给我佛经干什么吗!"众人笑而不答,载涛打开信封一看,里面原来有一千两银票。

古代中国人真是智慧出众,能够创造出如此"博大精深"、面面俱到的官场送礼文化来,远比后来一些词汇匮乏、缺乏创造力的贪官污吏们要有"文化",有"修养"。

不过,官场中人都知道送礼送的不是人品,不是感情,甚至也不是级别,而是权力。"敬"的不是你这个人,而是你手里的权力。这就好像古代州县官上任点卯,六房书役都要送上钱财一样。别人给你送礼是敬畏你手里的权力,要讨你的欢心而已。如果你退休了或者罢官了,他们还会云集给你送礼吗?

晚清有个关于官场冷暖的笑话。说有几位知州、知县正团坐打麻将,忽然仆人来报:"听说巡抚大人的姨太太得了暴病。"这是讨好巡抚的好机会,诸位大人急忙穿衣备车,准备前往慰问。这时又有仆人来报:"得病者是巡抚的太夫人,现在已经死了。"诸位大人商量道:"原来是太夫人仙逝,我们且打完这一局,明早再去吊唁也不迟。"巡抚的母亲都已经死了,下属就想明天赶早去吊唁。一会儿又有仆人来报:"现已探实,死者是巡抚本人。"诸位大人一听,异口同声道:"快入局,别耽误了好时光,赢了钱好去吃花酒。"巡抚一死,管他干什么?

可见,宦情薄如纸。用清朝人的话来说,就是"死知府不如一个活老鼠"。

■ 钱权交易的赀官制官员

1902年,秋瑾的丈夫王庭钧买了个户部主事的小官,秋瑾也夫唱妇随地来到北京。进入20世纪,买官鬻爵依旧存在,我们或许会吃惊,但当我们了解到制度化、合法化的赀官行为已经存在数千年之久,恐怕都会大跌眼镜。

买官鬻爵看似极不合理,但不合理的未必不合法,赀官制还是有"法理"支持的。"普天之下,莫非王土,率土之滨,莫非王臣"。天下都是君主的私有财产,更何况国家政权和衙门内外的各色官职?既然官职可以授予，为什么不可作为商品出卖？

夏商周三代，官爵世袭，不成其为商品，故没有出现卖官之可能。

《韩非子·八奸》说："故财利多者买官以为贵，有左右之交者请谒以成重。"《五蠹》篇说："今世近习之请行，则官爵可买，官爵可买，则商工不卑也矣。"可见在战国时已有卖官的现象了。值得一提的是，官和爵还是有一定区别的，"官以任能，爵以酬功"。官是衙门里的公务员；爵是表示贵族或功臣身份、地位的称号，分为不同的等级，有些爵位可以世袭，受爵后通常可得到食邑或相当数量的财富和一定的司法豁免权。官爵最初是合一的，后世逐渐分流。

秦始皇四年（公元前243年）规定，"百姓内粟千石，拜爵一级"，这大致应是中国古代最早的明确的卖官制度性规定。汉朝继承秦商鞅变法制定的二十等爵，二十等爵原为军功而设，汉文帝增设为"人粟"六百石，即可得二等爵上造，直到"人粟"一万二千石，可得十八等爵左庶长，只有第十九等关内侯和二十等彻侯不授。贾谊在《论积贮疏》中建议："的恶不人，请卖爵、子。"此处是指爵位与儿子。爵位不但可以向政府购买，居然还允许民间自由买卖。正是由于爵位不仅是名誉、身份的象征，还有各种实惠，因而还是大有市场的。这时买卖的都是爵而非官，并未干扰正常的行政机构的运行。

到了武帝时因为四处征伐，国家财力空虚，除了新增设卖武功爵之外，也开始增设卖官制。"始令吏得人粟补官，郎至六百石"，通过买爵补吏，再由吏升官，就成了许多人入仕的途径。司马相如也无能免俗，随个大流，大约是用了老岳父给的钱"以赀为郎，事孝景帝，为武骑常侍"。汉代有名的清官张释之，居然也是花了五百万钱"以赀为骑郎"，后升至廷尉，相当于现在的最高人民法院院长，一生公正不阿，为后世廉吏之楷模。

很有意思的一个现象是各朝各代的"败家子"皇帝总喜欢把宝贝当破烂卖。武帝开了个好头,他的子孙尝到了甜头,于是变本加厉,除了自己的宝座,其他的什么都敢堂而皇之地拿出来卖。东汉中后期,卖官几成国家财政的主要收入。汉灵帝在售官方面更是做到了公开透明、童叟无欺,在京城皇宫门外,公开贴榜,标价出售,二千石二千万钱,四百石四百万钱,"其以德次应选者半之,或三分之一",有德行的人还可以打折,这真是千古奇闻,对于政治不知是幽默还是讽刺。崔烈出钱五百万买了个司徒,灵帝后悔打折太低了,说真有点后悔,太便宜了。位居三公的崔烈很得意地问儿子崔钧:"吾居三公,于议者何如?"崔钧说:"大人少有英称,历位卿守,论者不谓不当为三公;而今登其位,天下失望。"崔烈又问:"何为然也?"崔钧说:"论者嫌其铜臭。"崔烈"怒,举杖击之"。这父子俩演的真是一出滑稽剧。有喜剧更有悲剧,新授钜鹿太守司马直是个清官,灵帝"以有清名"而减价,让他出三百万钱升官。太守俸禄每年两千石,时价二千万,皇帝让司马直出钱三百万,打折不足二成,便宜透了。但是司马直接到诏书,怅然曰:"为民父母而反割剥百姓以称时求,吾不忍也。"推脱疾病,当皇上正大兴土木,急等钱用,没有应允。司马直行至孟津,上书极陈当世之失,随即吞药自杀,灵帝听说以后,总算良心发现,暂时停止了工程建设。有良知的官吏被这卖官制度逼死,不可谓不是中国政治的一大悲剧。更大的悲剧是灵帝的愧疚不过是一闪而过,很快宫殿又开工了,汉王朝的

▲ 汉代钱币

破车随即不可遏止地滚向历史的深渊。后世许多君主都有健忘症不暇哀之，重蹈覆辙。乾隆时，每年卖官收入三百万两白银；子比父强，嘉庆时则达到四百万两。

悲剧还在于制度内的行为往往带来制度外的影响，同样还是"和尚动得，我动不得"，制度化的卖官与官员私下卖官同样让人触目惊心。唐中宗时，韦后及太平、安乐公主等用事，于侧门降墨敕斜封授官，号"斜封官"，凡数千员。宋徽宗时权相蔡京"窃弄威柄，鬻卖官爵，贿赂公行，盗用库金，奸赃狼藉"。取代蔡京的王黼"公然受贿赂，卖官鬻爵，至有定价，故当时为之语曰：'三千索，直秘阁；五百贯，擢通判'"。但更悲惨的却是无数黎民百姓。像张释之、卜式那么有觉悟花钱做清官或者干脆不做官的真可谓世间少有。

谁也不愿做赔本的买卖，大部分人之所以买官，看重的多半是它作为资本能够创造出远远超过自身价值的"成长性"。明清有些人更是瞧准了它的"高成长性"，向商人借高利贷买官或者疏通关系，被称为"债官""债帅"。这些人一旦上台，想让他们不贪污，绝不可能，买官的成本会几倍甚至几十倍的分摊到贫苦百姓头上，一边是卖官鬻爵，一边是卖儿鬻女，这样的国家不灭亡同样也是绝不可能的。

■ 衙门官员的肿瘤：腐败

打从宋朝开始，州县衙门都立有戒石，铭文为："尔俸尔禄，民膏民脂；下民易虐，上天难欺。"但有个别胆大妄为的草民却将它改为："尔俸尔禄只是不足，民膏民脂转吃转肥；下民易虐来的便着，上天难欺他又怎知。"这讽刺的就是古代官场的腐败现象。

君主专制社会是人治的社会，大权集于君主一身，连天下都是君主的私产。因此，政府清廉或者腐败，与专制君主的利益息息相关。

皇帝最有动力反腐，也只有他才有力量、有可能严惩腐败。遗憾的是，在皇帝的诸多考量中，权力是第一位的，如何维持统治是首要问题，反腐败不是优先考虑的问题。反腐的重要性可能要排在权力、子嗣、战争、钱粮等等的后面。只要腐败没有直接威胁到统治，反腐都只能是锦上添花的修饰，而非迫在眉睫的选择。因为对于皇帝来说，大臣们有贪心比有野心好，皇帝宁愿一些大臣贪心多一点、野心少一点。

其次，在专制政体中，衡量一个官员成功与否的唯一标准就是升迁。谁的官大，谁的权力和收益就大，官僚体制乃至整个社会就认为他成功，反之就要承担体制的重重压力和外界的冷嘲热讽。而在升迁的标准中，清廉与否只是一个不太重要，甚至是边缘化的标准。许多千夫所指、万民唾骂的贪官照样节节高升，神气活现。因为主导升迁的核心标准是关系、是人情、是权力斗争，甚至是赤裸裸的金钱。

古代衙门腐败的原因有很多，比如缺乏权力制约，比如腐败风险小，而且收益高。总之，只要君主专制政体存在，只要缺乏制衡的官僚体制存在，腐败就是政治的顽疾，像癌症一样无法根治，反而日益加重。

腐败，从本质上来说是利用公权力为自己谋私利。在权力泛滥的古代，官吏在各个领域中处于强势地位，以权谋私的行为表现为不同的形式：

第一，直接索贿。这是最原始、最强硬、最没有技术含量的方式。你不给官吏贿赂，他就不给你办事，或者故意刁难你，这就是直接索贿。此外，贪污公款、苛捐杂税等等也可归入这种方式。此时的衙门、官吏与呼啸山林的强盗没有本质区别，都在抢劫老百姓的财物。

第二，权钱交易。受贿者放弃职责，为行贿者提供便利。这是最常见的腐败方式，比如买官卖官、花钱办证。这种方式比较隐蔽。比如御史言官不掌握人事大权又不治民，无官可卖，无钱可贪，就主要靠参奏弹劾的权力来讹诈官员，史称"卖奏"。御史发现了某地、某人的问题，如果不给他贿赂，他就如实上奏弹劾；如果给了他贿赂，他就给你来个"雷声大雨点小"，或者将棍子高高举起轻轻落下，或者干脆就不揭露不弹劾，这笔贿赂就类似于如今的"封口费"。

第三，制度性腐败。因为制度设计的缺陷而导致的必然腐败。这种腐败和具体的官员无关，而是不管谁处在其中都难以避免的腐败。比如皇帝出巡要做准备工作，包括修缮道路，拆除沿途"有碍观瞻"的建筑，检查安保工作等。清朝有专门的向导处，为正式官署，负责准备皇帝出巡。结果，向导处成了扰民处。向导官自然希望道路越宽越平越好，沿途情况越简单越好。至于地方哪项工作做得不好，哪块田地需要征用，哪处建筑需要拆除，都是向导官说了算。于是，工作粗暴、强征强拆就难以避免了，"有司不敢纠正"。

宽泛地讲，专制时代的腐败大多是制度性腐败，因为没有制约，绝对权力导致绝对腐败。其中也存在狭义的制度性腐败。机构设置、经费分配不合理，在没有制约的情况下，往往表现为整个衙门、系统的制度性腐败。

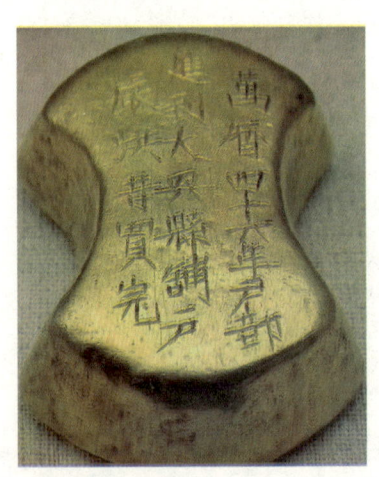

▲ 明代金元宝

第四，事务性腐败。官员们从经手的政务中克扣、虚报钱财，就是此种腐败，在古代的突出表现是工程浮冒。"浮冒"一词，取自清朝工部的术语，大抵是指各种大小工程从估价到报销等各阶段应该用的、实际用的物料工价的数字虚假不实，伸手多要钱。明清之前，兴建工程多靠征发徭役，由各地提供原料，晚明以后到清朝的工程都聘用社会力量来修建，然后报销。从好的一面说，这顺应商品经济的发展，可以降低成本、提高效率。从坏的一面说，它为负责官吏侵吞款项打开了方便之门。

难道历朝历代就没有进行反腐行动吗？有，但没有效果。

明太祖朱元璋可能是中国历史上的反腐急先锋。他制定了严厉的惩罚措施，对贪污一文钱的人都不放过，动不动就杀头，还发明了"剥皮实草"的警示方法（将贪官的皮剥下来，填上干草做成人皮偶，放在衙门里警示官吏）。就是这样，明朝初期的腐败也依然严重。朱元璋说："我效法古人任命官员，将他们派往全国各地，刚刚提拔任用的时候，这些人既忠诚又坚持原则，可是让他当官当久了，全都又奸又贪。我严格执法，决不轻饶，结果，能善始善终干到底的人很少，身死家破的很多。"永嘉侯朱亮祖是打江山的开国元勋，征讨杀伐立过大功，建国后贪赃枉法。朱元璋召朱亮祖到京，将朱亮祖和他儿子一起活活用鞭子抽死。后世皇帝，谁有朱元璋这样的威望和脾气？朱元璋都治不了腐败，后世子孙们就更不行了。到明朝后期，"九边月饷，半饱私囊，六部耗费，多不可计，其宫殿一切鸠工取材，皆倍于今（清朝）"。

理论上，只要公权力还能获利，腐败现象就不会绝迹；只要没有制约的专制体制还存在，大规模的腐败就不会消失。很多统治者都明白这个道理。在专制政体下，腐败癌症是治不好的。

在古代，真的要治理腐败，最具可行性的方法还是对衙门中人加强教育，包括正面的教育和反面的教育。正面的教育是让他们知道名声的可贵、肩负的责任和百姓的幸福；反面的教育除了那一桩桩鲜血淋淋的反面案例外，更重要的是让官吏们知道人的物质需求是有限的，超过安居温饱之外的财富是多余的。这其实是个简单的道理，但是衙门中人却最容易忘记。

本文就以两个反面例子作为结束。

第一个例子是唐朝的元载受贿事发，被有关部门抄家。人们发现元载藏有钟乳五百两，胡椒八百斛。这么多东西，元载就是用一辈子也用不完，平白无故地放在家里一点儿用也没有，可能除了占地，就是留作他日宣判自己末日的"证据"。

第二个例子是民国初期的霸县知事刘鼎锡。刘鼎锡为了谋得霸县知事缺，和四个人合资，凑了六千银元向大贪官王治馨买官。大家推刘鼎锡为县知事，其余四人亦各踞县衙重职，朋比为奸，贪赃枉法。案发后，"首犯"刘鼎锡被判死刑，押赴宣武门枪毙。押赴刑场时，刘鼎锡大哭大骂，说官位是用重金向王治馨买的，临死前要向王面诘；又说其他四个合伙人也有责任，怎么就枪毙他一个人呢？他高呼"冤枉"到死。早知今日，又何必当初呢？

■ "合法"的受贿

在宋朝人写的笔记中，记载了这样一个故事：王某到浙西做官，刚刚上任，衙门中的胥吏们便来送钱送物，总数有好几百贯，并说这是"下马常例"。王某一见大怒，认为这是向他行贿，是对他的"侮辱"，要向上司举报，追究这些胥吏的责任。胥吏们只得再三请求他息怒，于是他命人抬来一只大橱，将这些钱物统统放进橱内，当众封好。然后对胥吏们说：从今往后，必须老老实实办公，若有违法乱纪者，就以橱中钱物为证据，向上司举报。胥吏们害怕受处罚，果然都老老实实，不敢乱来。王某任满离职时，胥吏问他这橱里的钱物怎么处理，王某说：既然你们历来有"下马常例"的规矩，我也不便破坏，里面的钱物我还是带走吧。说完，命人将橱抬上船，扬帆而去。

王某的做法，比起那些明目张胆公开收受贿赂的衙门官吏，可要高明多了。上文说过，"千里当官只为财"，封建衙门为那些当官的人提供了"发财"的机会，衙门长官收受贿赂，搜括民财的途径、手段也是多种多样。有的是非法的，有的则是"合法"的。

北宋开宝年间，神泉县有一个姓张的知县，他在表面上廉洁清高，实际上却贪婪成性。他刚上任不久，便在县衙门口贴出一张告示：某月某日是本知县生日，所有人等一概不许送礼。衙门里的胥吏们看到后，纷纷商议道：知县这明明是在告诉我们他过生日的日子，要大家送礼。于是大家便纷纷前去送礼。知县也是来者不拒，收下礼后，又对众人说：下月某日是县君（夫人）的生日，到时你们千万不要再送礼了。

这位知县可算得上是此地无银三百两，厚颜无耻至极了。但从中也可以看出，在衙门中，对衙门长官送礼，已是一种例行的公事，这些财礼早已是衙门长官"合法"的收入。（尽管封建法律中有明文规定：长官不得接受部属的馈赠。）此外，各种名目搜刮地方的陋规，更是一种习以为常的"合法"收入。例如，清朝地方衙门，有一种名为"放炮"的陋规，即衙门长官即将离任时，用提前减价征税的办法来搜刮民财，中饱私囊。比较富庶的地方，"放炮"一次，多者可得白银万两，少的也有五、七千两。有的官员亏空欠债太多，便放出谣言，谎称自己即将离任，提前减价催税，并派差役挨家挨户去通知，百姓贪图小利，自然会纷纷前来交税。这种手段，被称为"太平炮"；还有新官刚刚到任，就减价催税，称为"倒炮"。对于这种巧立名目敲诈百姓的行为，上司也只是睁一只眼，闭一只眼，理由是这种"放炮"比起那些横征暴敛、强行勒索百姓的行为来，还算是"文明"的手段。除此之外，在每年征收田赋时，也有不少"合法"的外快。清代田赋分上下两期征收，上期二月起开征，至五月停征，先收半数，称为"上忙"；下期八月起开征，至十一月间全部收齐，称为"下忙"。此种种用陋规所得钱是州县官的一项重要财源。

在《官场现形记》中，有一位代理兴国州知州王柏臣。他到任不久，正好遇着开征田赋的时候，天天都有银子进来，他高兴得不得了。谁知好景不长，不到十天，家乡来信，说他的父亲亡故了。按照制度，他应当呈报丁忧，回家奔丧。但他想一报丁忧，就必须交卸职务，眼看到手的银子就要让别人去收了。于是，他便将师爷找来，商量先把丁忧的事瞒下不报，赶紧把钱粮征齐，并想出了一个用跌价来提前征齐钱粮的办法：凡提前交完的，可以打个九折。乡下百姓见有利可沾，果然赶着来交钱粮，半个月工夫，已收到了一大半。等到他呈报丁忧时，钱也收得差不多了。而接任的官员本来想好有一大笔收入可得的，没想到被王柏臣用跌价征收的办法把钱都收走了，气了个半死，却也无可奈何。

除了提前跌价征收的陋规外，甚至还有半途"抢收"的陋规。《官场现形记》中有一个蕲州吏目（主管监狱与司法的属官，职掌与县的典史相同）随凤占，他赶在年前上任，想去抢收那一份规费，没想到却被他的前任提前收走了，白白高兴了一场。后来因押解犯人到省城，吏目一职暂交他人代理，本来他算好可以赶在端午节前办完事回来，还来得及收这一份节礼，没想到巡抚生病，耽搁下来，眼看到手的钱又要被别人夺去了，心急火燎之际，想出了一个办法，找借口悄悄溜回蕲州，赶在代理吏目的前面，把这份节礼给"抢收"走了。那位代理吏目本来听说他不能及时回任，满心欢喜，以为这份节礼必属自己无疑，谁知到过节了还不见人把节礼送来，差人去一打听，才知是被半路上截走了，这一气非同小可，一把拖住随凤占的辫子，闹上公堂，要知州评理。最后还是知州出来调停，要随凤占退一半出来给代理吏目，才了断了这桩抢收节礼的公案。

■ 齐心协力吃"蛋糕"

内外勾结是宋代起,政府采购越来越多利用市场经济的情况下,"大家发财"的普遍途径。宋代徽宗时,宰相赵挺之指责鄜、湟地区政府采买粮食的价格高得离谱,鄜州每石涨至七十贯,湟州每石五十余贯,经手官吏都从和籴入粟中"获利百倍,人人皆富",开虚价吃回扣是明摆着的。

这种恶弊到明代尤甚,政府的许多采买多被"揽头"(亦称"揽户""揽纳户")承包。此辈射利牟财、诓骗勒取、延挨侵费、无所不为,其中关键一途在于各道环节的打通,"实则连手穿鼻,相济为奸"。小说中应伯爵曾当面点出两人怎样发财的基本伎俩:"常言道:秀才无假,漆无真。香里头多放些木头,蜡里头多掺些柏油,哪里查账去?"

以上引述,看似文学虚构,实为历史真相。《明英宗实录》记载,景泰三年山西右参政叶盛上书举报说,北京户部库官与揽头勾结,"各以赝易真,钞则易以软烂,苏木则易以浅淡嫩小,胡椒则与店户煮去辣味,及以面糊搅入铁屑砂土,以增斤两。物虽出于官库,利则归于奸贪"。其他以少冒多,以次充好,乃至无中生有,比比皆是。如正统元年二月,光禄寺署丞周友信收受揽纳户银子,虚出收粮五百余石的批单,被户部访闻奏诉;《明神宗实录》卷五百三十九记,万历四十三年十一月,"职司管库"的司礼监内官赵斋受取揽头曹焕等一千两百金,将二十万斤"用盐搀合假硝"的假货当正品硝黄收入内库,被东厂侦缉检举,等等。

其实,在政府采购这块大蛋糕上"瓜分生意"的,不仅是卿丞库官、吏胥揽头一流,还有"势要之家"和皇帝身边的人。如《明英宗实录》记,景泰时,南京锦衣卫镇抚司军匠余丁华敏上言"内官苦害军民十事",其中一害就是"家人包揽各色物件,官府畏惧,以一科十,

▲ 古代钱币

亏官损民"。天顺七年，勋贵宁阳侯陈懋为子侄揽纳舞弊当后台老板，被锦衣卫揭发后，以"积劳老疾"逃脱连坐。

万历五年，皇帝的外公武清伯李伟让家人出面包揽发给军队的棉花布匹的采买，交出来的全是劣质品，发下部队，军士大哗。皇帝听说后，"命取军士所支布一匹验之，果纰缪不堪"，遂向母亲李太后汇报。太后恨娘家人太坍台，马上要传谕内阁革去老头的爵位，张居正再三劝阻。但太后仍召李伟父子站在宫门外恭听内使代表皇上训斥，"武清父子惶恐服罪，自此少戢"，经办采购的李府家人送司法部门治罪，另有陷进这起布花采购门的库官内臣三十余人被革职。这些在《穀山笔麈》卷六、《明神宗实录》卷六十九都有载。

浮冒侵吞历来是各种工程物料采办的顽症。北宋初，为京师建筑需要，国家在关中地区采购大木，各州郡逐岁拨出数千万缗钱作为向百姓买木的偿付，其中十分之一被官吏侵吞，称为"率分钱"，每年有数百万，最终招致人民上访，《续资治通鉴长编》上写道："诣阙诉长吏受率分钱"，中央"皆命追偿"。

其实和后世相比，这个"长吏十取一"的浮冒侵吞率真可谓良心大大地有了，比如我们且从晚清蜀冈蠖叟所著《官世界》中取一事例：北京修建乾清门工程需用木料，内务府行文四川，着川东道采办呈进。第一批传办的采购清单为：五尺穿心二一丈齐长头木一万支、三尺穿心十六丈齐长次木五万支、三尺穿心十二丈齐长三木十一万支、四尺耗木五丈齐长二十万支、四尺围边五丈梢长五十万支，请了五十万库帑。川东道发中厂（官营堆栈）经办，中厂再"将各路的人分头发了出去"，"各事备办得妥妥贴贴"。最后办清折，有阴阳两份。阳折是准备向北京办奏销的，"木头花色，名目古古怪怪，一项一项，明明白白""四柱款页，罗列清除，共支了四十八万九千三百十二两九钱五分八厘三毫四忽七秒"，剩下一万多存厂，无愧是山青水绿的"阳光采购"；阴折是呈给川东道台备核的实际支出账，分两部分，一是料款，"实支十七万二千七百六十两"；二是给内务府的"部费"（按一折回扣的通例报效五万两，可谓童叟无欺），给工部等其他有关部门有关人员的"随封"费、"办事"费、"领批"费、"投文"费等，"共应支销五万五千一百九十四两九钱五分六厘四毫"，两项合计为二十三万二千九百五十四两九钱五分六厘四毫。换一种说法就是，这一票采购的浮冒侵吞率高达"长吏十取六七"，其中川东道在扣除向四川总督、布按二司及其他有关人士分润之前的"毛利润"为二十五万七千余两，"奏销了四十八万多银子，还报存储一万多银子。面子固然好看，骨子更好看"。

限于篇幅，笔者没法全文照录阴阳清折，特别是那份大抵可见政府采购灰色利益链的好处费清单。其中有一款"办奏销束修一千六百两，随封十六两"，就是专门酬谢做假账为川东道台挣来面子好看的会计师（老夫子）的。

■ 公费"行乐三部曲"

对于俸禄有额度规定的古代官吏而言，由迎送交际制度启动的公费吃喝的最实际意义，又远不止是饕餮欲求获得满足，而是个人收入的灰色地段最有望以此为突破口迅速拓展。陈衍德先生在论述唐代后期奢侈性消费特点时，曾有相当精辟的分析："封建国家的公共消费与个体消费并无不可逾越的界限。在封建官僚机构中，个人既可充分享用组织所占有的权力，那么利用其组织成员资格占有组织拥有的消费资料，便成必然之势。这样，公共消费转化为个体消费的情况便屡见不鲜。"

就以迎送之制最受瞩目的东汉两晋南朝来说，酒足饭饱之后，必有大量财物馈赠，果真是"请客""送礼"，天然一体。《后汉书》卷六十一记，东汉顺帝时，尚书令左雄曾联系各级官员频繁调任的实际情况，对迎送礼仪的含金量有过概括性的揭示："拜除如流，缺动百数，乡官部吏，职斯禄薄，车马衣服，一出于民，廉者取足，贪者充家，特选横调，纷纷不绝，送迎烦费，损政伤民。""取足"就是够吃够用，这样的受礼就算是"廉者"，则"贪者"之"充家"的内涵，只能说是模糊数学了。古人常说"家常饭好吃，常调官好做"，其含义的丰富，由此亦得深切体会。

这个借助化公为私形式提高官员实际收入的传统，或隐或显地一直发扬到明清。如两宋时各衙门支用公使钱宴请迎送是明份账，用这笔钱相互馈赠也是明份账，叫"公使苞苴"。《朝野杂记》甲集卷十七记，时人介绍南宋时东南诸郡公使苞苴的使用："帅臣监司到署，号为上下马，邻路皆有馈，计其所得，动辄万缗。"至于机关自办酒坊的产品，送起来更称方便："江浙诸郡，每以酒遗中都官，岁五六至，必数千瓶。"晚清时闽浙总督颜伯焘革职后回广东原籍，途经漳州，汀漳龙道张集馨目睹其扛夫搬运所收"礼品"过境，"差役抬夫，家属舆马，仆从几三千名，分住考院及各歇店安顿，酒席上下共用四百余桌"（《道咸宦海见闻录》）。一个革职的人尚有如此进账，换作视察、出差、升官、调任,又该是怎样一番情景呢?

公费吃喝失去控制后的走向,大抵都依循一个三部曲式的过程。

起先是干部队伍的素质作风和行政效率普遍下降。请吃的和吃请的成天在吃喝上琢磨,忙忙碌碌、醺醺昏昏,还有多少精力投入理政办公?《后汉书》卷六十一描述:"自是选代交互,令长月易,迎新送旧,劳扰无已,或官寺空旷,无人案事。"这就是说上上下下都忙于交际应酬、请客送礼,竟能使机关里空空荡荡,没人办事。北宋名臣尹洙写过一篇《分析公使钱状》(见《河南先生文集》卷二十五),以庆历三年(1043年)渭州政府为例,除支应过往以外,仅本署官员动用公使钱吃喝,就是每月五次宴会,一次"张乐"。所谓张乐,就是美酒佳肴之外,还有小姐作陪。选歌征色的小姐资源,来得也容易,就是封建时代的"官伎"和"乐户",唐诗宋词中众多关于拥妓行令、纵情声色的官场宴饮之描写,都不是落空的。

仍举前述张集馨所亲眼目睹为例:闽浙总督庆瑞"不肯究心公事",但"与司道幕友宴会"上却表现卓异,黄段子、荤笑话样样在行,"较力唱曲,俗语村言,无所不说";陕甘总督乐斌"公事例案,阅之不甚了了",却"爱听戏宴会,终日酣嬉淋漓,彻夜不休";臬司(即按察使)明绪正好与之爱好相投,于是"督臬两署,笙歌竟无虚月"。活脱脱一轴白天围着酒杯转,晚上绕着罗裙转的官场行乐图。

官风腐败的下一步,

必然是纲纪荡弛，政由贿成。虽说历代政纪职律都有州县官员不准私下与乡绅商贾交往的禁限，唯酒肉酬酢上的突破殊非难事，这就是官场内之公费吃请，早晚会变成官场外之私费请吃的道理所在。明末叶梦珠笔下"缙绅之家或宴官长，一席之间水陆珍馐多至数十品"（《阅世编》卷九）的记载，恰好对明朝严禁地方官接受私人宴请的重典，构成鲜明的讽刺。当然天下绝无白吃的酒席，酬酢的本义就是相互回报，于是贿赂公行，吏治昏暗。公费也罢，私费也罢，沉重的负担总是以各种名目摊压在民众头上。所以这个官场吃喝的三部曲，最后都是以封建王朝在各种社会矛盾的激化中崩溃而告终的。

■ 衙门官员的"灰色收入"

看过灰色收入的外部特征后，再从来源的角度剖析一下它的内在结构。粗放点讲，大体也可以分为四个板块。

第一个板块叫因公科敛，加耗多征。就是在向民众征收各种正项杂项赋税钱粮时，假借弥补损耗、贴补公费的名义，在法定额度以外加征加派。早在中晚唐五代，政府官吏借"加耗"自肥的做法已经多见：州县征收夏秋两税，照例是每斛多收二斗（隋唐量制，一斛十斗），叫"雀鼠耗"。其实在解库运输过程中的损耗至多百分之二，溢出部分通称"钱粮斛斗"或"羡余钱物"，归州府自行保管。一方面，如同《唐会要》卷五十八中写道："缘当司无巡院（即中央派驻地方的财经监察机构）觉察，多被官吏专擅破除，岁久之后，即推在所腹内"，化公为私；另一方面，即使照制度规定，这些已经被地方政府掌握的钱财，也允许"充诸色公用"，然后在这个名义下将其中相当一部分变为个人福利。

举一实例：陈寅恪在对白居易诗中的俸料钱问题进行研究后发现，白居易在中央机关任职时，诗文中所言俸料之数与史籍所载规定额数，无不相合；但在地方任职时，诗文中所言俸料之数，都比定额为多。比如《初除京兆府户曹，喜而言之》云："俸钱四五万，月可奉晨昏。"可是查史籍可知，京兆府户曹参军的法定月俸只有三万五千。又如《江州司马厅记略》云，"岁廪数百石，月俸六七万"，但史籍所载上州司马的法定月俸只有五万。类似事例还有。所以陈寅恪认为：据此可以推知唐代中晚以后，地方官吏存在法定俸料以外的收入。这些法外收入中，借助"公用"转化而来的财政"羡余"当占有相当比重。由于各地区社会经济发展不平衡，"羡余"有多有少，加上其他原因，所以同一时间在不同地方任同一个官职，其实际收入也不一样，"致使俸薄处，无人愿去；禄厚处，终日争先"（《册府元龟》卷五百八）。

两宋的税赋加征叫"斛面"或"斗面"，一石加纳几升以至几斗不等，反正国家从无统一标准，有的地方"斛面"甚至超过正额。同时因为税赋征收中以现金折纳的比例逐渐增多，有了"头子钱"，就是用现钱为丝绵茶帛折纳单位时，每贯多收七八文至九十文不等。到明代，因为钱粮征收要求全额完纳折银，又出现了"火耗"，并且很快就成为地方政府贴补公费和官吏福利的最重要来源。尽管州县将老百姓交纳的碎银熔化后，再铸造成大块银锭，其自然损耗绝不会超过百分之二，但大多数州县至少按百分之三的比例加收火耗。

嘉靖年，海瑞被提拔为浙江淳安知县时，当地的火耗率是百分之五。海县长发一道《定耗银告示》，宣布自今起火耗降为百分之二，"外有多取者，许百姓不时赴县呈告，以凭重治"。海瑞在四年任期内，多树政绩，已内定升调嘉兴通判。推想这个百分之二的耗率，确保完成钱粮足额解库之外，还能贴补行政开支，否则他不可能有初展抱负的起码的财政条件。不过该县全体官吏的"常例"，连同海县长本该得到的那一份，俱被大大削减甚至取消了。当然像海瑞这种不"珍惜"自己也不"体恤"下属的领导，官场上毕竟少见，所以总体上看明清的火耗率是不断攀升新的增长点。明末时顾炎武笔下的火耗率是"正赋之加焉十二三，而杂赋之加焉或至于十七八矣"。到康熙中期，御史钱珏上奏，山西的火耗已经达到了百分之三十或四十。

第二个板块叫巧立名色，需索勒掯。就是行政司法活动中各种名目的收费、罚款和陋规索取。

按理，国家征收税赋的依据，在于用此作为政府处理公共事务的经费支出，就是雍正帝在劝导人民依法纳税时讲的道理：无非将你们百姓的钱粮还为你们用去，做朝廷的何尝是苦了百姓，自己受用呢？然而事实却是历代多在办理公务时随心所欲地以所谓行政收费、手续收费、工本收费等名义，向人民重复敛取，甚至有挖空心思创造"公事"以成全收费的。南宋宁宗时历任知州、监司的真德秀揭露：有些远方县邑竟要求人民定期向政府申报钱谷米盐消费之数，由官府发给表格填写。发放表格时要收"给历钱"，回收表格时要收"缴历钱"，"瘠民以肥吏，大率皆此类也"（《西山集》卷三）。

相比收费和罚赎，更加爽利的是直接把钱财送进个人腰包的陋规。陋规是掺入了道德评判的词，职场上的日常用语则为"常例""规矩""人事""好处费"什么的。海瑞到淳安任官前，淳安上起知县、县丞、主簿、典史、教谕、训导、阴阳官、医官、

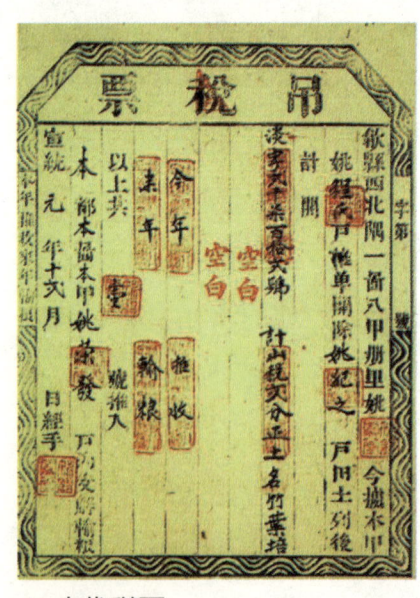
▲ 古代税票

六房书吏，下至承发、铺长、架阁、书手、门子、皂隶，一个县政府里，人人都有稳定的"常例"收入。以县丞、主簿两个副县职为例，每年的常例名目有夏绢银、农桑绢银、秋粮长银、盐粮长银、管黄册银等，共十几种之多。此外，"凡经收各项钱粮，每一百两取二两"。而且这些常例还仅仅是给副职的身份福利，"若代理知县某事，则又取其常例"（《海瑞集》上编）。比如你受知县委派主持审核军户匠户的工作，那么每个里供银一两的常例就归你所得了。

第三个板块叫拜节庆贺，行礼馈赠。就是在贺年庆节、道喜祝寿、接风饯行等名义下，用献受礼品的形式实现官吏对部民的法外牟利。这种馈赠的出处、时机和数量，都有相应的"潜规则"。清代康熙时，陆陇其到都察院试任监察御史，领导分配他负责巡视京师北城，一到任，立刻就有北城地面上各条坊巷的坊长们送钱上门，其后各司坊官吏来谒见新上司并送上报单时，每人又附上一个门包。原来这是巡城御史固定的身份福利，谁来上任就归谁拿，通称"旧例"。其来源，照例是所管地面上的"醵送公费"（《长泖陆子年谱》）。《官场现形记》中，凡州县吏目、典史等治安官，基本福利主要来自三节两寿时各烟馆、赌场、窑子、当铺的送礼，也是通行的"旧例"。因而馈赠其实也是一种陋规，只不过挟职索取和承顺逢迎的双方为它取了个好听的名称而已。

这一板块的收入也包含各种实物。明代西周生笔下，一个成都府衙的办公室主任（府经历）到任，"乡宦士民都不妄自尊大，一般都来拜贺，送贽见，送贺礼。送的那油盐酱醋，米面柴薪，鸡鱼鹅鸭，鲜菜果品，猪羊牛鹿，堆满衙舍"（《醒世姻缘传》第九十一回）。这个规矩和情景后来在传承中又有变异，改做提货券和购物卡了。

■ 衙门里的"红包文化"

官场上送礼学之复杂深奥，又远远不止这一项令人费解的比值。仅以一个地方官员收送红包的名目区分，便有十类之多。

一是新官到任时属员及治下士绅的祝贺，亦名"贺印"或"迎新"。清初郑端著《为官须知》里有《初任事宜》一篇，对此有详细介绍，"有在未到任之先者，有在既到任之后者，风俗不同"而已，但皆有"礼贴（帖）"。广西巡抚高其倬自述，他到任时的收礼与一季节礼相当，可见是有惯例即"潜规则"的，故这笔钱又叫"到任规"。晚清官员段光清的从政回忆录《镜湖自撰年谱》中，多次谈到到任规的事。道光二十八年他在慈溪知县任上，逢宁波知府替换，旧官杨知府卸任，新官余知府到任，慈溪各有去任规和到任规要办，尚有新添津贴、月费、寿礼等名目。不久，署理宁绍道台生病，余知府又"以首府来署道台"。按例，新到任的道台也要收到任规，于是"来往不过三月"，且已经收过一轮到任规的老余又以署道的身份，"凡新参寿礼、程仪"，都按"向例"，再收一轮。

二是新官到任后谒见上司的贽敬，亦称"表礼"。论性质其实是到任红包的变体，区别在于身份转换，故也叫"到任规"。《官场现形记》第四十二回，武昌知府喜元因属下新任兴国知州瞿耐庵接任后，自恃省里有后台而迟迟不来送礼，向门政发牢骚说："瞿某人

▲ 古代官员

到任也有好多天了，怎么'到任规'还没送来？兴国州是好缺，他都如此疲玩起来，叫我这本府指望谁呢？"清初廉吏于成龙自述，他任广西罗城知县后，头一回谒见布政使金光祖，"诸官扛从盛饰"，礼物丰厚，而他"止带皮件一套"，致令同僚"共相惊讶，留意相难"，可知这份礼也是有成例的。又，这种下级属员的见面礼，凡府、道、司、抚各级上司，都要送到。一般而言，州县以上的红包资源都来自州县，但鲜闻州县官吏家里自办企业或银行的，故最终来源俱为"亲民"所得，就是攫刮民众。

三是离任时属员治下的钱行，亦称"下程"之类，其厚薄视升迁还是平调或罢黜等具体情况而定。南宋孝宗时淮东安抚使郑兴裔上疏说，"凡帅臣、监司到任罢任，号为'上马、下马'，邻道皆有馈遗，计其所得，动辄万缗"。因知这项红包在当时叫"上马"，与到任时的"下马"对应。再往前溯至汉魏六朝，则谓"迎新"与"送故"。

明世宗时江南总督赵文华调回中央，收礼数字保密。到京后转赠严世蕃金丝幕一具，又给严世蕃的二十七个姨太太每人一支宝髻，严世蕃仍认为给的东西太少而对他产生怨恨之意。大概对照他掌握的情报，老赵是违规了，借喜知府的话："他都如此疲玩起来，叫我指望谁呢？"

四是红白事宜的帮衬。红事如娶妻纳妾、生子添孙、进学登科，乃至抬媳妇、嫁女儿、迁新居、遇故知，都是抱粗腿、敲竹杠的题目，这叫贺仪，隐隐中也有定例，或曰最低标准。南朝梁显宦吕僧珍生子，宋季雅前往祝贺，礼单上写"钱一千"，传达室不给通报，后来才搞明白是"金"钱。

白事即丧葬活动，叫赙仪或奠仪之类。聪明人都明白，除了真有通礼交情的友朋、同僚之外，分量厚重的赙全是冲着权势而来，所以最风光的多是老太爷、老太太或太太、姨太太之举丧成殓。唐代陆贽任中书舍人翰林学士，即皇帝的机要秘书时，在河南丰乐佛寺为母亲办丧事，《渊鉴类函》卷一百二十八提到："四方赗赠为词，厚致金帛。"就是都打着助丧的名义大肆送礼。

反之，如果是本人亡故任上，又无子弟现居显职，那就只能指望那一笔法定的丧葬补助金了。唐李复言《续幽怪录》卷四《定婚店》记载"月下老人"的出典，故事中女主角的父亲原任宋城长官，病卒任上，平时趋炎附势的属员治下，没有人来烧冷灶头，于是寡妇遗孤流寓宋城。当年的官宦小姐，最终靠一个老保姆贩卖蔬菜为生。这正是宦海炎凉的真实写照。

五是生日寿辰的助兴，俗称"凑份子"。因为年年可做，而且有本人、太太、老太爷、老太太等许多题目，所以得从"红喜事"中提取出来单列，当然也包括做三朝、做满月、做百日等"相关事项"。

《官场现形记》第二回，芝麻官钱典史实话实说："大凡像我们做典史的，全靠着做生日，办喜事，弄两个钱。一桩事情收一回份子，一年有上五六桩事情，就受五六回的份子；一回受上几百吊，通扯起来就有好两千。真正大处不可小算。不要说我连着儿子、闺女都没有，就是先父、先母，我做官的时候，都已去世多年；不过托名头说在原籍，不在任上，打人家个把式罢了。这些钱都是面子上的，受了也不罪过。"

六是岁时节令的供献，统称"节礼"。《后汉书》卷四十一记，东汉章帝时，第五伦上疏说越骑校尉马光等腊日送礼钱及猪、羊、米等，因知这个传统古已有之。魏晋起，节令渐趋复杂，官场节礼也开始齐全配套了。年节、端午、中秋叫三大节，最为重要，到清代，这三节与各级领导伉俪的生日合称"三节两寿"，非送不可。其礼品内容，自然也随着经济发展、社会进步而升级换代，"寻常之套数不足以献芹，方外之奇珍始足以下点"，好比进口取代国产，法币换成美元。锦上添花的，还有"四时八节"之说，四时是春、夏、秋、冬，八节即元宵、花朝、上巳、清明、中元、重阳、冬至、腊八之类。这是概括性的讲法，不会十二个"时辰"全送，也不会一个不送。明人张萱统计州县官给领导送节礼的开销，"每一上官，每岁四节，每节除下程外，大币八，小币十二"（《西园闻见录》卷九十九），加起来约八百两。倘以一个"在下"孝敬三个"上官"、一个"上官"接受十个"在下"孝敬统计，其间差额完全可以保证工资基本不用。

七是所辖地方或所管部门的特产赠送，雅称"土宜"。中华地大物博，土宜的名目不可胜数。或者是地方官调回京师后的奉献，如永乐时"广东布政使徐奇载岭南土物馈廷臣"（《明史》卷十四）。或者是京朝官出差地方时的索取，如"近日有个钦差内相谭稹到浙西公干，所过州县，必要献上土宜"（《二刻拍案惊奇》卷三十二）。

有人历数唐宋权臣抄家时的稀罕礼品："元载胡椒八百斛；蔡京蜂儿三十七秤；王黼黄雀堆至三楹；童贯剂成理中丸几千斤；贾似道果子库内，只糖霜亦数百瓮。"（《万历野获编》卷八）其中不少是有关部门的"特产"或专管，如童贯家的数千斤贵重紧俏药品，当为太医局、和剂局和太府寺长官的孝敬。

八是寻求奥援、广结人脉的开销。通常是地方官向京朝官馈赠，照例又攀结在各种关系如师生、乡谊、同年、故旧的网络上，以备察院立案时划清贿赂和送礼的界限。其性质则有明人西周生在《醒世姻缘传》九十四回里点透："常说朝里无人莫做官，又说朝里有人好做官。有了靠山做主，就似八只脚的螃蟹一般，竖了两个大钳，只管横行将去。这靠山第一是财，第二才数着势——就是势也脱不过要财去结纳；若没有财，这势也是不中用的东西。所以这靠山也不必要甚么着己的亲戚、至契的友朋，合（和）那居显要的父兄伯叔，但只有（要）财挥将开去，不管他相知不相知，认识不认识，也不论甚么官职的崇卑，也不论甚么衙门的风宪，但只有（要）'书仪'送进，便有通家侍生的帖子回将出来。"

九是对上级视察的讨好；十是对过往差遣的敷衍。

综上所述，都是反映了衙门里普遍流行的"红包文化"。

 **拓展阅读**

不跑不送，原地不动

一句话，一条条通向大小靠山的道路，都是靠红包打通的，红包的名称则曰"书仪"。书仪原指馈送财物所写的礼帖和封签。

剔除友谊交往和人情酬酢，官场上互不相干的人忽通馈遗，其用心之暧昧含混自不待言，只是越是含混越要做清水包装，于是"书仪"便成了这类攀缘性送礼的雅称。比之更雅的还有"书帕"，就是历史学家吴晗在《灯下集》中讲过的："行贿用书陪衬，显得雅一些，有个专门名词叫书帕。"

清代官员张集馨自述称，道光二十五年得授陕西粮道后，仅给京官送礼就达一万七千两；两年后升四川按察使，"出京留别，一万三四千金"。再过两年升贵州布政使，"出京，一万一千余金"。到咸丰登基，"调任河南藩司出京，一万二三千金，而年节应酬，以及红白事体，尚不在其内"。

一句话，中央各部院的大大小小、头头脑脑，全都送到，连专管风纪监察的"总宪"都察院都御史也没漏掉。他的仕途能够稳稳当当由道台升臬司，再由臬台升藩司，当与此"上台礼仪不缺，京中书帕不少"切切相关，否则起码也是"不跑不送，原地不动"吧。

第五章
古代衙门奇闻趣事录

在中国的旧官场时代，往往会演变出许许多多或啼笑皆非，或感人至深的衙门故事。本章特意挑选了经典的衙门故事，一方面抨击了坏官的丑恶罪行，另一方面又颂扬了好官的高风亮节。阅读本章，能使人从中悟出如何做官或如何为国家多做好事的道理。

第一节　古代衙门奇闻录

■ 官员也有怕老婆

唐朝后期，中书令王铎惧内。一次王铎南下荆州负责抵抗黄巢起义军，好不容易可以暂时摆脱"母老虎"的淫威，他带上小妾就去了。不料正妻随后赶来兴师问罪。王铎左右为难，对部下说："黄巢从南打来，夫人从北压来，如何是好？"幕僚玩笑道："不如投降黄巢。"

惧内，是怕老婆的委婉说法。之所以要委婉，是因为怕老婆在古代是不大光彩的事。即便是在生活相当开放、社会相对宽容的南北朝，有些男士虽然并不讳言自己惧内的毛病，但多是自嘲。比如南朝刘峻就写过一篇序文，说自己和冯敬通有"三同"，除了节操、机遇外，第三同就是"忌妻"，两人的家庭都不安宁（"家道坎坷"）。唐代胡风颇重，惧内也还可以摆上台面说。吏部尚书杨弘武提拔了一个莫名其妙的官员，唐高宗追问理由。杨弘武老老实实地回答："臣妻性格刚强，要臣提拔此人。臣如果不提拔，回家就会有大麻烦。"唐高宗欣赏他的坦白，也没追究。其实，唐高宗本人也有惧内的毛病，他的老婆就是大名鼎鼎的武则天。

到了两宋及其以后，社会生活趋紧，男女大防，惧内的男人们连自嘲的勇气也没了。惧内完全成了贬义词，受人嘲笑。苏东坡就曾写诗嘲笑好友陈季常惧内：

龙邱居士亦可怜，谈空说有夜不眠。

忽闻河东狮子吼，拄杖落手心茫然。

第三句的"河东狮子"指的是陈妻柳氏。柳氏郡望河东，嫉妒凶悍的程度并不高，但不喜欢苏东坡，认为苏东坡比较风流，怕他带坏了自己老公陈季常。因此，每次苏东坡来陈家，柳氏都不给他好脸。所以苏东坡才写了上述的诗，本想开开陈季常的玩笑，不想让柳氏成了"河东狮吼"的代表人物——据说成语"河东狮吼"的出处就是苏东坡的这首诗。到明清时期，怕老婆成了公然的笑柄。比如传闻康熙年间的索额图权倾朝野，但极其怕老婆，被老婆打得躲到床底下讨饶，为此误了上朝；清末的李鸿章在外面风光，在家被老婆管得死死的，一次偶尔拈花惹草了一下，被老婆打得鼻青脸肿，脸上还被抓花了，好一段时间只能遮着脸出去活动。当然，这两则都是传闻而已，正史不载，也没有实证，让人怀疑是索额图和李鸿章的政敌编造出来的。在这里，惧内怕老婆成了抹黑的内容。

社会生活中，惧内不光彩。在政坛上，怕老婆就更不光彩了。在男权社会，公权力由男性垄断，女性不能染指，连施加影响也不行。有很多词专门贬斥女人掌权，比如牝鸡司晨、红颜祸水等，把女人掌权和乱政划了等号。这其中有歧视色彩。虽然我们现在能看到的古代官场惧内的例子几乎都是负面的，但也不乏正面的例子。具体情况要具体分析。

唐朝赵州刺史高睿对老婆言听计从。一年突厥来犯，高睿夫妇都当了俘虏，突厥人威胁高睿说，投降给官做，不投降就马上处死！高睿不说话，看着老婆。他老婆说，我们夫妻俩报效国家，正在今日！高睿便不再说话，于是夫妻双双被杀。可见，惧内还能起正面作用，关键是家里的"母老虎"要发挥正能量,正确引导丈夫做人和做官。

隋文帝的独孤皇后就发挥了正能量,引导丈夫开启了"开皇盛世"。独孤皇后喜欢读书,通达古今,且富有政治才能。她帮助杨坚夺得了皇位,之后每天与丈夫"同辇而进",陪他上朝,但并不与丈夫共朝听政,而是待在后阁观察,看丈夫言行有什么失当马上递条子建议。退朝后,独孤皇后和杨坚一起返回寝宫,监督他处理公务,同时不让他花天酒地。一时间,"后宫莫敢进御",独孤皇后和隋文帝杨坚并称"二圣"。

不用说,杨坚在独孤皇后的管束之下日子不好过,小心思一直蠢蠢欲动,一次逮着机会偷偷临幸了一个小美女。独孤皇后获悉,凤颜大怒,马上杀了那名女子。杨坚极为不满,无比悲愤,又不敢和皇后叫板,只好"离家出走"。他一个人骑马奔出皇宫,跑了三十多里,到荒郊野外"冷静冷静"。大臣们追上来,拦马苦谏。杨坚叹息:"吾贵为天子,不得自由!"驻马冷静到半夜,杨坚才不得不回宫,调整好心情,第二天继续在独孤皇后的监督下乖乖生活和工作。独孤皇后逝世后,杨坚顿时没有了约束,沉迷酒色,从一个明君迅速恶化为昏君。隋朝国势迅速下滑。"开皇盛世"结束。可见,独孤皇后虽然是"母老虎",但对杨坚的事业、对国家的大势都是有贡献的。对于这样的老婆,听她的指挥不见得是坏事。

历史上,丈夫甘心听从贤惠的妻子的例子不少。清末的张曜是个

▲ 古代女裙

大老粗，认不了几个字，却逐步升迁为布政使、巡抚。除了他有战功外，主要得益于才华出众的妻子。张曜的妻子读书识字，见识不凡，对丈夫耳提面命。张曜心甘情愿地听老婆的话、按老婆的指示办事，非但政务没出过错，自身也渐渐粗通文墨。他升任山东巡抚后，一次问属下："你们怕老婆吗？"下属们面面相觑，有个人回答："不怕！"张曜勃然大怒："你好胆大，老婆都敢不怕？"其实，如果人人都有张曜那样的贤内助，怕怕又何妨？

遗憾的是，正史野史中让丈夫害怕的妻子多数是悍妇、刁妇、吃醋和短视的小女人。

西晋大臣贾充的继室郭槐嫉妒心极强且生性泼辣。郭槐派人监视贾充的行动，每天都要丈夫向自己汇报行踪。贾充很怕她。郭槐生过两个儿子。第一个儿子出生，贾充很是喜爱，常常和在乳母怀里的孩子亲昵。郭槐怀疑贾充和乳母有"奸情"，竟然把乳母活活打死！儿子没有乳母，夭折了。第二个儿子出生后，贾充吸取教训，尽量不接触乳母，有一次还是情不自禁地摸了乳母怀中的儿子两下。郭槐看到了，把乳母鞭打致死，结果第二个儿子也夭折了。

贾充的原配李氏因政治原因和贾充分开，西晋建立后和贾充团圆。晋武帝司马炎奖励功臣贾充，允许他有左右夫人。家有悍妇，贾充哪敢一夫二妇，硬是不敢和李氏团圆，而把她安置在外面。贾充的母亲柳老夫人临终想见儿媳李氏一面，因为郭槐的阻拦，贾充还是不敢满足母亲的最后愿望。李氏生的两个女儿，才貌双全，嫁入好人家。郭槐也想要女儿贾南风嫁得好。但她不是努力培养贾南风的才能和品德，提升女儿婚嫁竞争力，而是发动一切社会关系、动用贾家的一切资源，最终把贾南风嫁给了太子司马衷。贾南风就是日后臭名昭著的贾后，凶恶自私，祸乱国家。郭槐作为母亲，难辞其咎。她的无才无德、恶言丑行,祸害了家庭,还教出一个祸国殃民的坏女儿。

东晋开国元勋王导也怕老婆。其妻曹氏妒忌心强,不允许王导亲近其他女人,连左右侍女也不让。一旦发现侍女和王导有染,曹氏必定痛斥打骂。王导就金屋藏娇,在外面别院养了众妾,还有了好几个私生子。曹氏知道后,大惊,带着二十个奴仆,人手一把菜刀,气势汹汹杀向别院。王导慌忙赶过去。魏晋好清谈,士人们驾牛车、甩麈尾(类似拂尘),以示清高。牛车哪能跑得快?王导心急如焚,顾不得风度了,拿起麈尾帮驾车的奴仆打牛,狼狈奔驰,抢在老婆前面赶到别院,转移了小妾和私生子。司徒蔡谟得知后,对王导说:"朝廷要给你加九锡,你知道吗?"给臣下加九锡是极重的礼遇,王导又惊又喜。蔡谟接着说:"只是听说还缺一辆牛车和一把麈尾。"王导顿时面红耳赤。

曹氏之流是让男人们惧怕的主流妇女形象。她们有嫉妒心、有狠心,把丈夫管得严严的,却对丈夫的为人施政没有正面的影响。更有一些悍妇,操控当官的丈夫,贪赃枉法,祸害一方。"母老虎"成了幕后父母官。

唐朝贞观年间,桂阳县令阮嵩的妻子阎氏是个悍妇。阮嵩在外面应酬,叫来歌姬唱歌逗乐。阎氏听说,提着刀找上门去,把客人吓得跑个精光,阮嵩躲到床底下,歌姬们夺路逃散。长官崔邈听说后,给阮嵩考核写评语:"连老婆都管不好,如何治理一县百姓呢?老婆无礼胡闹至此,丈夫的才能在哪儿呢?考评下等。"吏部因此免了阮嵩的官。

的确,连老婆都管不好的人怎么能保证管理好政务呢?对于那些把政治权力拱手让给老婆的长官们,能力和品德都很可疑。公权力是朝廷和百姓授予你的,怎么能私相授受?

■ 乾隆微服私访记

乾隆帝早先似乎不以微服私访为然。他刚登皇位之初，江西巡抚俞兆岳初任，欲以微服私访的形式下去了解有关情况，他不同意，道是"若地方上有必应亲勘之事，可具题报部，明行勘视，何庸私访"（《清高宗实录》卷十七）。但随着亲自整饬吏治的经验积累，做法大有转变，比如为了确保在国家财政中占有重要位置的漕运体制清正廉洁，他曾多次效法乃父雍正，明确要求有漕省分的督抚不时派人对州县仓所暗加访察，以防官吏每借收漕"需索勒掯，苦累粮户"。有的督抚甚至"密差亲信人役，潜扮花户，买粮上仓"（《清高宗实录》卷六百二十二）。这与雍正时有的巡抚派人扮做客商暗访税关，亲自体验有无作弊的思路，如出一辙。

乾隆帝在倡导督抚以私访暗察州县属吏的同时，也用此法查验督抚大吏，较出名的一例是：

乾隆二十一年初秋，河南夏邑、商邱、虞城、永城四县于连年歉收之后又遇水灾，荒情严重，谷价猛涨，但地方政府为了完成可以借此捞取"政绩"和灰色收入的征赋指标，匿不奏报。乾隆帝南巡路经山东时，原籍夏邑的前江苏布政使彭家屏前往接驾，皇帝在召见时"询问地方情形，始据奏及"。但随驾在侧的河南巡抚图勒炳阿分辩说"并不成灾"。

▲ 乾隆

乾隆即命二人同往查勘。翌年二月，图勒炳阿递折汇报说，已经查明，除了夏邑县一二处低洼地亩因上年七月内雨水过多，致有积水外，实未成灾，多数地方俱有七分收成，即积水处亦"旋经疏浚消涸，高粱收有九分"，故八、九月间粮价并未昂贵。但是与夏邑毗连的江苏萧、砀等县，山东曹、单等县，均有偏灾，多赴夏邑籴粮，以致夏邑粮价稍有增加，无力之户未免拮据，所以彭家屏才有此奏。查制度，收成七分不得缓征，更无赈济。唯当此新陈不接之时，自应查明接济，故已饬夏邑等县开仓平粜，并酌量借给确有困难的民户。乾隆帝说，既然与夏邑接壤的萧、砀、曹、单诸县都被灾歉收，夏邑等县"宁得独丰"？为此除了下令给积水地亩加赈并实心妥办粜借兼行外，还严饬图勒炳阿实属"不知民瘼""终不免有文过之意""此次暂为宽恕，若再不经心，必当重治其罪"。

一波方息，一波又起。一个多月后，当皇帝的南巡车队经徐州继续前行时，忽有河南夏邑平民张钦向最高当局遮道申诉："上年夏邑，实在被灾，而地方官所办不实！"究竟是昏官玩视民瘼，还是刁民欲求无餍，乾隆帝吃不准谁在哄他，于是一面降旨对夏邑应征新旧地丁钱粮应酌量分别缓征，一面派随同南巡的步军统领衙门员外郎观音保马上"微服前往"夏邑"密行访查"。十天后，观音保返回面奏：上述四县确实"连岁未登，积歉已久"，现在被淹地亩大多积水未除，不能种植，灾黎卖儿鬻女，景况不堪入目。观音保在当地收买童男二人，只须花钱四五百文。

这些都是现场微访所得信息，且有如此廉价的卖身契为证，皇帝当场表示"不胜悯骇"："为吾赤子，而使骨肉不相顾至此，尚忍言耶！"旋降谕：河南巡抚图勒炳阿玩视民瘼，讳灾怙过，着革职发往乌里雅苏台军营效力赎罪，河南布政使刘懂着交部严加察议，夏邑、永城二县知县俱着革职拿问，虞城、商邱二县知县俱着参奏拿问，四县该管道台、知府俱着查参议处。同时命山东巡抚鹤年就近迅即前往河南，督率办理对四县饥民一切抚恤事宜。

■ 知州逐客有缘由

奉天有个刘先达，生于显赫的"财主世家"。家有良田千顷。此人天资聪慧，幼时读书成绩优异，十七岁考取秀才。但他为人倜傥好客。父母去世后，便挥霍不吝，家中宾客不断，门前车马成行。凡前来拜访的，无不热情接待；有求于刘公的，必豪爽相助。人称他"好朋好友，不亚于赵国的平原君、齐国的孟尝君"。有的宾客与他相处得热火，竟攀着他出去游山玩水、寻花问柳。反正刘公的兜里有的是银子，而且不吝花销。

有个叫崔元素的人，投帖拜见。刘公请他进来，问起身世，崔元素说："我是山东临朐的秀才，闻你喜欢接纳宾朋，特来你家做食客。"刘公见他谈吐直率，相信他是个耿直的人，便以酒食招待，还赠给他一些钱。从此，这位崔秀才每隔十天便来一趟；来时，除去吃喝，还要借钱。刘公因为把他当成豪爽的人，不好意思冷淡他，只好不断资助。

几年后，刘公的家财耗损殆尽，又因宾朋的祸事牵连，吃了官司，田产变卖干净，落得衣食不周；常常是"煮了今日米，愁着明天粮"。从此，门可罗雀，再无宾客来往。只有一个老奴，恋着主人的恩情，与他家厮守。这年，腊月将尽。刘公的妻子见人家热热闹闹地忙年，而自家的灶房中没有柴米，床上没有棉被，竟痛哭起来。女儿见妈妈伤心，想安慰妈妈，苦笑着写一首诗，读给父母听："愁看连朝雨雪天，想是无处觅黄绵；权将除夕比寒食，厨中元旦可禁烟。"刘公理解女儿的用心，也自嘲地吟一首诗："今年犹忆昔年天，昔日轻裘今无绵，寄语梅花休报信，春来无力出厨烟。"接着，眼望门外大雪，苦笑着说："空有玉楼，惜无玉食，若得黄粟煮食一饱，也就心满意足地过年了。"妻子听着骂道："眼看年关已到，揭不开锅盖，难道想在人家鞭炮声中饿死？还有心思斯斯文文地凑合傻话歪诗！"刘公说："难道叫我做贼去？"妻子说："眼看饿死，做贼也非耻辱，只愁你连做贼的本事都没有！"接着说："往日良朋密友无数，杯来盏去，有求必应，现在不能向他们张张口去？像那顺城门外的朱知县，原来落拓艰难时，与你称为莫逆之交，说是'一日不见，便要闷死'；如今，人家宦囊丰厚，又'丁忧'在家，不能求助一点，以济燃眉之急吗！"刘公精神一振说："得，不是你想起，我倒忘了他！"立刻写一封求借的信，叫老奴到朱知县那里去。可是老奴去了半天，回来进门便骂道："没良心的人，大爷您本来不该与他相交！"问道什么情况？老奴说："我先把您的信投进去，他家把信退出来，推说知县不在家。我在门前守候，见他送客出来，便把信塞到他手上。他看了信，冷冷地说：'我现在闲居在家，处处需要花费，正愁无处借贷。告诉你家主人：我没有时间给他写回信，对不起他。'"刘公满以为既向朱知县张口，必会热情资助，听老奴如此回报，不禁心生凄凉之感，半响不语。妻子又提议道："城北经商的杨君，以前口口声声与你是'总角之交'，你不止一次助他资本，我想，求他总是可以的。"刘公又写信，叫老奴去求杨公，杨公却推说"生意淡泊，本利全亏，囊中空空，实在无法"。刘公两手叉腰叹道："面朋口友，不足为怪，若得慷慨相助，看来非求助于道义之交不可了！"他决定向城南的靳公子求援。这位靳公子，与刘家系两代世交。刘公当初与他在一起饮酒谈诗，相敬相爱。此人素有"豪爽"之名，出口便是"忠信义气"，口口声声"鄙视守财俗流"。目前，他家仍是庄园数处，车水马龙。刘公想：只有厚着脸皮，求这样的杰义之友，方可不弃。便在灯下认认真真地写一封信，畅叙旧情，倾吐肝膈，表明窘困，求他"借助且须"。老奴拿着信走后，刘公满有把握地安慰妻子说："今番可以安心过年了！不到万不得已，实在不好意思向义友求救。"可刘公真没想到，靳公子并非他想像中的杰义之士。老奴在他家等候一天，只拿着一封咬文嚼字的书信回来。信中说："不才本当如命，无奈力与心违，束手无策。君乃勉为尚志之士，何忧旦夕贫贱哉？且君天性聪慧，非碌碌无为者；望勿自弃，姑忍短困，必有大富大贵之日跟踪而来也。君处拮据，弟不能援手，殊感自愧！"刘君看了信，忿恨地摔在地上，叹道："当初，这位靳公子生儿、生女时，我都携着百两银子前去庆贺，如今见我贫贱，大概是怕我常去缠他，不但一文不破，反以斯文浮词敷衍应对，假要面子！什么称兄道弟、披肝沥胆、不入俗流，尽是鬼话！"

　　刘公窘困得泪水涌出。突然，外面响起"笃笃"的敲门声，原来是一年不见的崔秀才来了。刘公的妻子一见，大怒道："呸！我家到了如此境地，你还伸头前来，莫非还有饭有钱供养你吗？"崔秀才看着刘公夫妻，笑道："请不要生气，我此次前来，是和你家商量事情的。"他环顾室内说："昔日繁华，今日凄凉，人生如戏，瞬间可变。"接着说："做人该像松树那样扎根深土，稳固而立，不可像松鼠那样轻狂依附，嬉戏而生。君若雄志不泯，尚有一人可以助君。"刘公说："昔日繁华，宾朋视我为尊长，如今潦倒，谁还理我？"崔秀才指着自己的鼻子说："在下可以助你。我有八十千钱，即刻便可送来。只是你有了活命养家的钱，得认真去做立身的事。"刘公踌躇地说："我是耗费惯了的人，能做什么？"崔秀才说："你能从戎么？"刘公说："我手无缚鸡之力，哪个军营要我？"崔秀才说："能经商么？"刘公说："我不识经营门路，不知斤两计较，经商必定亏本。"崔秀才说："如此说来，依照你聪敏睿智、满腹经纶的老底子,只有继续读书了。若能焚膏继晷、勤苦不懈地求学,求得功名,做个清官,活着为百姓做些好事,死后不遭人唾骂,也就算是个植根于固土而立身的人了。"刘公只道他讲的是一些空话,叹气道:"但愿如此。其实,你哪里有八十千钱助我?"崔秀才说:"你等着吧。"说着,走出门去。不久,果然用小车拉来半车银钱。刘公大惊,问:"这些银钱,哪里来的?莫非是不义之财么?"崔秀才笑着说:"放心吧,若是行窃所得,岂敢在光天化日之下拉到你这里来?"他接着说:"车中的八十千钱,是你自己的。记得你曾经周济我么?这是我为你积聚的钱。车中另有一千两银子,是我祖上的积蓄,赠给你作为读书的火耗。"刘公刚要跪下来谢他,崔秀才连忙拦阻说:"我为你聚钱、向你赠银,并非无所期求。我观世上的人,大多浑浑噩噩:面对金钱,则互相欺骗;若是做官,则昏聩害人。你在昏聩中散尽家财,经受劫难,必能深有所悟。若攀登仕途,做个不为浮侫所迷、心中装着贫苦百姓的好官,就是对我最好的报答。"说罢,转身离去,从此没有再来。刘公思念他的恩情,再去寻访,却无影无踪。他感愧地自语说:"古书上写的'冯欢客孟尝'的佳话,看来不会是假的,只恨世上这样的侠义之人太少了!"

刘公从此闭门下帷,日夜攻书。当年乡试考中举人。三年后,会试得意,

▲ 清代官服

竟考取进士，被吏部录为某州知州。他痛绝俗情，决心做个清正的好官。然而，从他取得进士功名那天起，家中便又宾客纷扰，车马盈门，闹得他头昏脑胀。他十分厌烦这种庸俗的拜望，赶紧带着妻子儿女，去几百里外的州衙上任。赴任不到一个月，到了他的诞辰。想不到许多旧时的"宾客""老友"，记得这个日期，不辞旅途辛劳，纷纷赶去庆寿。连过去不能接济一升米、一文钱的靳公子、朱知县等都赶到他的府上。刘知州非常生气，令衙役转告这些宾客："知州公务繁忙，请自寻寓所；若愿等候，定于某日统一接见。"知州以为这样冷待他们，必会逐渐散去。不料，诞辰那天，上百名贺客拥到他的厅上，纷纷敬奉贺礼，总计数百两黄金、数千两白银，还有一些贵重物品。知州坚持拒收，贺客们竟生气地说："是否今日富贵，便忘了旧时情谊？"知州忽然心生一计：一面置酒招待他们，一面令仆役将这些财物登记入册，迅速以八折转卖给钱庄，兑成一大堆散碎银钱。接着，叫衙役到大街上呼唤乞丐和穷苦百姓，来州衙领取救济。不多时，上千名穷苦人聚集州衙。知州当着大厅中正在谈笑畅饮的贺客们的面，向院中拥拥挤挤的人群大声宣布道："百姓们听着：堂上贵宾，均系积善之人。得知本州城内百姓穷困，赠送大批银钱，资助你们生活，赶快向这些大人们谢恩！今后，若再有馈赠，当再次分散给大家！"接着，由仆役们把银钱全部分发给穷苦人。老百姓望着厅堂上的客人，纷纷喊着感谢的话，弄得那些宾客一个个红着脸、低下头。有的人不声不响地溜走了，有的人仍厚着脸皮坐在那里，希望留下来跟知州谈心，融洽感情。知州因公务繁忙，不愿陪着这些无聊的人消磨时间，便拿起茶匙敲着碟子唱起歌来：

"银钱并非烂肉，官印亦非腐鱼；
为何一朝在握，纷纷招来蝇蛆？

根源在我自己，昔日做人朽腐。
不解人生如戏，久久大梦糊涂。
所谓真情义气，多是花言巧语。
今昔同为一人，何其看待异殊？
冷灶求援无米，饱暖却又资助；
莫非这颗冷印，对君尚有用处？
人心美丑在内，谁能看个清楚？
若有一颗善心，冀开济人之路。
有钱不济贫危，徒殖烂肉腐鱼。
做官若不清正，必作邪人之驴！"

这时，恰巧有个苍蝇，在知州眼前嗡嗡地飞，知州伸手挥了一下，接着唱道：

"噫兮噫兮苍蝇，何故挥之不去？"

一班无聊的宾客听到这里，知道知州是在愤怒地驱赶他们，便陆续离开座位，无趣地走了。

■ 金镯带泪话平等

这副镯子，究竟有何神秘之处？

光绪十五年，江宁有个秀才，名叫李端立，家境贫穷，衣食不周，母亲生病，无钱医治。他想到自己读了二十多年的书，成了"肩不能担、手不能提"的废人，若不设法谋生，不但母亲无救，连自己也要饿死；听说县衙想录用几名文吏，便去拜见县丞大人。县丞看了他的文章，觉得不差，特别是字迹端秀，若任为誊写，是很适合的；但想到他只是个"光头员生"，若录用他，廪生们可能不服，便推辞说："若县学教谕关心你，能给你报府补个廪生的头衔，我定可用你。"李端立慌忙拜见教谕周大人。教谕摇头绷脸地说:"廪生,乃选择岁科两试中成绩属于一等前列的优秀者补上去的,你成绩不行,怎么补?"一句话把门堵死。李端立只好羞惭而退。不久,他去恭贺一位补为廪生的老同学;老同学告诉他:"若想通过周教谕补廪,非得向他贿赂二三十两银子不可。"李端立望洋兴叹:自己饥肠辘辘,何处弄得二三十两银子?

他失魂落魄地往回走。此时,日已西下。忽然,看见路边睡着一个青年女子,腰上系着小小的衣物包裹。这女子梳着"扬州坠"式的新型发髻,衣服整齐,但丽色憔悴,嘴唇干裂,两眼紧闭。看样子,快要断气了。李端立一试她的头脑,热得烫手,知道她正在高烧昏迷,甚为怜悯,便扶起她,背在肩上,歪歪拽拽地回到家中。老母见儿子背了个将死的女子回来,吓了一跳;细细看看,也觉可怜,便令儿子把她安放好。灌了热汤后,女子竟睁开眼来。天明,请医生诊脉。医生说:"此人因心经郁抑,导致体质虚弱,并发杂症。但她是个青年人,若能让她舒展心境,加上治疗调养,仍可转好。"李秀才的老母是位善良的老人,她要儿子好好救助。果如医生所言,这位女子见自己得到善良人家收留搭救,十分感激,虽然每天只得到几碗稀汤薄粥,加上草药调治,病却渐渐好了。李端立母子二人,再细看这个女子,左看右看,觉乎她窈窕俊秀,是乡村中少见的美人。李妈妈问她:"大姐,你是哪里人?因何昏在路上?"女子一听,双眼流泪:"老妈妈,你家是我的救命恩人,对您不敢说谎,我是个见不得人的妓女……"

原来,这个女子,是江北一个渔家的女孩,名叫汪迎娣。父亲在船上失事,死于江中,母亲带着她和弟弟到江宁讨饭。弟弟生病,母亲为了救儿子,同时,也为了让女儿逃个活命,以一百两银子,将她卖进妓院。不料,她进入妓院不久,弟弟便病死。母亲极度悲痛,不忍花消女儿卖身的银子，便拿着剩下的，买了一副份量颇重的金镯送给女儿，自己继续讨饭去了。汪迎娣在妓院中，第一次被迫接客，感到受了霹雷击顶般的耻辱，第二天便不吃不喝。老鸨接着不断逼她接客，她忍受极度耻辱，又苦苦思念沦落无踪的母亲，便病倒了。老鸨觉得她是个短命鬼，不愿让她损耗药费，任她病情加重。她终日泪水不干，感到自己身上唯一的温暖，就是手腕上的这副金镯子，它是自己这条卑贱生命的代价与耻辱，也是朝思暮想的苦命亲娘的泪水和疼爱。她看着镯子，心儿跳得透不过气来，病情更加沉重，终于被老鸨作为废物，令人拖出妓院。抛在路上。姑娘哭着诉说苦难身世，善良的李妈妈也跟着抹泪。她感到这个女孩子不但生得俊美，而且是个善良的人，于是，想到儿子三十岁了，若是留下她做个媳妇，倒是蛮适合的。她向姑娘吐了心思，姑娘甜甜地一笑，真是巴不得的。

说实在的，自汪迎娣恢复气色以来，李端立便感到她是个难得的美人。他不止一次思磨着：若收留这个女子作为妻室，不枉我这个穷秀才的一生。可是，自从得知她的身世之后，他又愁苦得睡不着觉了：真可惜哟，原来是个妓女。自己虽然穷困，也是个秀才，毕竟是文雅的上流人士；若找了个众人骑压过的妓女作为妻子，不但让外人笑掉牙，连祖宗的灵魂也要哭上几天的哟。他整天局促不安：看着这姑娘美丽温柔，舍不得让她走；若是留下她，又觉得难以做人。矛盾的心境，把他折磨得瘦了一圈。最后，还是母命为准，李端立终于含着委屈，与汪迎娣成了家。婚后，

▲ 荷包

虽然汪迎娣温柔贤淑，对李端立百般关爱，而李端立的心上终究有个疙瘩。他想：自己这一生真是"龙居浅水伴虾蟆"了，苦读圣贤之书，只因不得志，娶了个下流的妻子。有时候心头不快，也少不了骂几声"臭婊子"。迎娣常常哀叹地说："当家的，你若能想到我的痛苦就好了。人生在世，都想活着，我当初何尝愿意做个妓女？实在是走投无路啊；如今跟着你，吃糠咽菜，心里舒服，可见得我不是淫荡的人。"不管怎么说，李端立总是消不了心头的疙瘩。

好在一年后，县衙教谕大人来函通知李端立，他被报府补为廪生了；接着，以廪生的头衔被县丞大人录为衙门誊抄文吏。自此，每月有了养家俸银，老娘也经常就医服药。丈夫进了衙门，汪迎娣的身份似乎高了些。衙门中的眷属与她来往，称姐道妹，一家人的生活真比从前热闹了些，李端立的心境也似乎舒展了些。

新年期间，江宁县衙的眷属们聚在一起玩骰子。有位王小姐连输几把，心头发火，卷起袖子，吼叫着把骰子向碗内投掷。汪迎娣坐在旁边，见王小姐手腕上戴着的金镯，好像在哪里见过。休息时，她对王小姐说："妹妹这副镯子不同寻常，让我看看。"王小姐当即取下两只镯子递过去。汪迎娣一看，这镯子，一只打着"福"字印记，一只打着"寿"字印记；再细看，一只镯子的印记旁，有个芝麻粒大的凹窝，她心头突突地跳起来。但是，她镇静住了，笑着问："妹妹这副镯子花多少银子买的？"王小姐接过镯子，随口回道："是姨妈赠送的，不知价钱。"这句话，像一盆热汤浇在汪迎娣的头上，她慌忙回家查看自己的首饰盒。一看，几件不值钱的东西都在，只是镯子没了，因为她自来到这个家里，从来未带过这副镯子，何时丢的，并不知道。这副镯子，对于她来说，并非视为财物，而是她心头上的一种伤痕；她既不能戴它，也不能丢掉它。于是，她伤心地大哭。她问丈夫："你想想，能有什么人偷走我的镯子？"丈夫搔着脑后，诺诺地说："哎，失窃，总是出人意料的，谁能想到狡猾的小偷是谁呀！"不管怎么说，汪迎娣总觉得镯子丢得蹊跷。

今天，汪迎娣发现那副扯着自己心肝的镯子不见了，而且见王小姐手上戴的镯子，分明就是她丢失之物。她细细思索：王小姐说她的镯子是姨妈赠送的，她的姨妈是谁呢？经过打听，终于知道了：王小姐的姨妈，乃是县衙教谕周大人的夫人。于是，她想到了自己丈夫往日常常念叨着的心事——想补个廪生的头衔，可恨无钱贿赂教谕周大人；会不会是丈夫偷了镯子？她想："如果真是丈夫拿走的，那是为了一家人好；但是，他作为一个高雅的秀才，有事为何不与妻子商讨，而是采取偷窃的手段呢？而且这副镯子，是我遭受人生耻辱的记载，也是我流落天涯的苦命亲娘的心。如今，为着求得每月几斗米粮的小小差事，竟拿着我带有耻辱和血泪的纪念物，去贿赂权贵，多么可鄙啊！"现在，在汪迎娣的心中，李秀才已经不再是高雅的人物了，他与龌龊的小偷没有什么区别。她睡下去了，不吃不喝。这一来，可急坏了老娘。贤慧孝顺的媳妇，是常卧病床的老娘的心头肉，她疼爱地问媳妇："孩子，你这么生气，好像知道镯子失窃的原因了？你跟妈讲。"迎娣说："妈，我猜到七八成，但不敢说。"老娘说："你只管说来！"迎娣说："我估摸是被自家人偷去送给别人了，但他做的不是下流事，望娘不要责罚他。"老娘气喘嘘嘘地说："若是自家人偷的，我定要罚他跪三天，一个秀才，做了小偷，而且偷自家老婆的东西，那还了得！"

李端立回家后，尽管迎娣不敢再生气，老娘还是风风火火地令他跪在床前。经过责骂、盘问，他终于流着眼泪低下了头。原来，李端立自与迎娣成家之后，更苦于生活无路，又见老娘卧病在床，早想求妻子把金镯拿出来赠给教谕夫人，补个廪生头衔，以求"像模像样"

地活着。但他知道这副镯子在妻子心中的意义，估计她不会应允；而且请求老婆拿出昔日卖身的价物，去换取利禄，也大失自己这个读书人的脸面。苦思多日，终于偷走镯子，拿到银匠店，清洗干净，作为庆寿礼品，献给教谕夫人了。

镯子虽是迎娣的心肝，但这位贤淑的妻子终于谅解了丈夫。晚上，夫妻俩对坐小酌。迎娣给丈夫斟了一杯酒，嗔笑着说："没出息的人儿，天大的事也该跟我商议，秀才竟当了小偷！"李端立的脸儿发烫，动情地说："娘子，我读了半辈子的书，也想依此讨口饭吃，实在是走投无路啊！"

"做了小偷，而且偷了妻子的私物，去贿赂有权势的人，不觉耻辱么？"

李端立一怔，惭笑地看着妻子："前几天，我见娘子您，为了那镯子，痛哭不食，我心中发慌，一阵惭愧，倒让我想通了一个理：我当小偷贿赂权势，为了谋生；你从前受的屈辱，也是为了求生，我们是同病相怜啊。"稍停一下，他接着说："细细想想，我们均无愧于祖宗！"

"那么，谁该有愧于祖宗？"妻子问道。

"这个么"，李秀才眨了眨眼，"我倒说不清楚。来，不谈这些，娘子，我敬你一杯！"他提起酒壶给妻子满满地斟了一杯酒。这是他第一次怀着平等敬爱之情，向妻子敬酒。

■ 戏耍知县的"刀客"

清朝末年，江苏清江浦有个宰牛的屠夫，姓李，人称李胖子。李胖子天性暴烈，且不知孝道。一天，他为了家务琐事，与年过六旬的老父亲争吵，父亲伸手打他，尚未打着，他反手一拳，打掉父亲的四颗门牙。父亲愤恨极了，便具状向县衙申诉，请求"严惩逆子"。李胖子得知父亲真的告他,知道有坐牢的危险,才清醒过来。他束手惆怅一番,想到许多人打官司都去央求一位心机深邃的赵讼师助讼,便匆匆来到赵讼师家,进门扑通跪下。赵讼师慌忙扶他起来,问道:"何事?"李胖子不瞒真相,便将事情的来龙去脉全部讲了。赵讼师皱着眉头说:"你犯的是伤天害理的'逆伦'重罪,轻则可以坐牢,重则可以杀头。不到万不得已,我不能帮你打这种官司。因为帮你这样的'殴亲犯'逃脱法网,不但我自己有罪,也有损我的阴德!"李胖子一听,吓得愣住,半晌说不出话来。

讼师尽量把讼事的罪行说得严重,是咬住顾客惯用的手段。因为古代虽有简要的王法,老百姓并无参与执法的权利,只是"听官裁断"。官府虽允许老百姓聘请知法的讼师助讼,但官员审理案件,除去凶杀等大案外,一般不作现场查勘,仅凭官员"机智"断案,所以讼师与官府均有着勾搭互利的关系;更重要的是,讼师大多利用官员高高在上、不知实情、主观武断的弱点,愚弄官员,从官司中谋利。诉讼双方,谁花钱多,讼师便可帮助谁想出伤天害理的巧主意,将官司打赢;无钱的一方,只好含冤败诉。所以当时的讼师都被称为"刀客"。话休繁叙。再说李胖子从赵讼师口中听说案情的性质如此严重,愣了一会,突然放声大哭。赵讼师见火候已到,叹口气说:"唉,我见你这个样子,也实在可怜,做一回昧良心的事吧!不过,我说在明处:帮你这种官司,谢钱一定要多,否则,我不值得!"李胖子这时哪顾钱财?一口说出:"给您

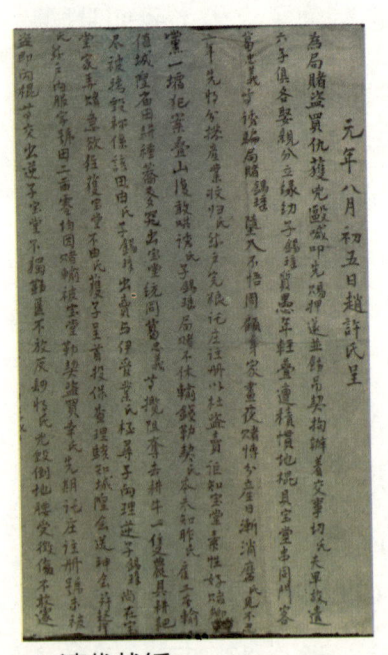

▲ 清代状纸

老三百龙银!"当晚即交了钱。

赵讼师对李胖子道:"我明日到县衙打听一下,看何时传你到堂,以后再向你交代办法。"赵讼师与县衙内的承办们关系都很密切,他到县衙一问,得知李胖子的"忤逆殴亲案"将于七月十六日(农历)传审,便回家蒙头大睡。

赵讼师一觉之后,便拟定巧计,向李胖子交代:"你于七月十五日,也即是县衙传审你的前一日中午,到我家来,与你商讨对策。"这天,李胖子按时赶到。见赵讼师关起门窗,生着一炉炭火,披着皮袄,正在烤火。讼师见李胖子推门进来,随口道:"我正在发胃寒病,离火不行。"李胖子坐下来,等待讼师交代主意,而讼师只是沉默不语。室内热气蒸人,李胖子汗流浃背,实在受不住,便脱去上衣,裸露上身坐着呆等。赵讼师轻轻踅至李胖子身后,突然朝李胖子的脊背上狠狠啃了一口。李胖子哎哟一声,他正要发作,讼师则嘻笑道:"你的官司有望了!明天上堂之前,再来见我一趟。"李胖子虽然脊背流血剧痛,他想想咬这一口,可能是妙汁,也就忍了。第二日上堂之前,讼师叫李胖子穿件白色长袖单褂,他拿起墨笔在李胖子每只前袖下边写上一行字,然后附耳交代,到堂上,必须如此如此。

李胖子和老父亲同时到堂,双双面向县官跪下。因是父亲控告忤逆儿子,县官为了维护孝道,允许李胖子的老父站着讲话。老父亲滔滔不绝地诉说儿子的罪过,可是李胖子自从跪到堂下,便低下脑袋,两手抱头,直到县官向他问话时,他也是一言不发。县官喝令他讲话,他反而愈加低头。县官甚觉蹊跷,再一注意,发现李胖子抱着头的两只肘袖上,写着两行字。县官下堂细看,那两行字是:"妻无貂婵之貌,父有董卓之行。"县官一看,"明白"一半,立即厉声诘问李胖子的老父:"你知不知道儿子为何打你?"李老头道:"他忤逆惯了,不凭什么理由，就能打我！"这时，李胖子开口申辩了："大人，我并未打他。"李老头愤怒地从衣袋里拿出纸包，将四颗门牙捧到县官面前。李胖子则迅速脱去上衣，把脊背转向县官。县官一看李胖子背后被咬伤的血痕甚为明显，立即想到：这老头的门牙，明明是咬儿子时，自己咬掉的，反倒赖儿子打掉他的牙。县官看到这些证据，当即认定：此案明明是李老头乱伦失德，反倒诬赖儿子逆伦殴亲，这老头实在可恶！便宣判：把李老头拖下去，责打十板！儿子无罪！

李老头哭喊着申辩，县官扬手厌恶道："不知羞耻的刁民，你再呼叫，本官再加你十板子！"

俗话说："父子天性。"几年后，李胖子父子和好，想到自家人失和，让赵讼师从中渔利，非常悔恨，便想上诉县衙，控告赵讼师的恶行；但害怕赵讼师计谋叵测，难以告倒，便邀请诸多有学问的亲友来家商讨。大伙反复议论，都感到没有理由告他。因为要控告赵讼师，必然要向县官讲明赵讼师在某天某日、什么情况下向李胖子传授毒计的。而当时是七月十五，正是大热天，你说他穿着皮袄、坐在火炉旁边说话，岂不荒唐？再说，七月十五那天是此地通行的"七月半敬鬼节"，家家都在中午烧纸祭祀祖先，说那日中午在他家谋事，也不甚符合情理。更重要的是，县官既然落入他的圈套，断了案子，现在再翻开老底，蚀了官府的面子，也未必得到官府的支持。大家思前想后，感到赵讼师既然事先作好防止李胖子反告他的准备，现在再找他疵头，他肯定会想出更加阴毒的计策进行反击。众人想来想去，都惊惧不已，不敢惹他。

第二节　古代衙门异闻录

■ 掐灭犯罪的源头

雍正年间，江西郑显正以举人资格任江苏沭阳县知县。他上任时，从运河清江浦下船。骑着毛驴，带着两名仆人，给他挑着简单的行李。沭阳县衙的官吏和城内的富绅们，备轿迎至县南七十里的钱家集，不见县官踪影。时过中午，有人骑马来报，说县太爷已经到任，迎接的人们才想起早上有三个人骑驴挑担而过，不禁大吃一惊。

郑显正在县衙内，住室用芦席间隔房间，内设床铺、火炉，一日三餐，均由仆人亲手操作，主仆共食。他平时极少"坐堂问事"，多数时间骑驴下乡，和老百姓谈笑。奇怪的是，衙门上下不见县太爷忙于文牍，但几个月后，全县官吏勤于政务，社会安定，百姓安居乐业。时间久了，人们才发现郑显正治县的规律：他虽然大部时间在老百姓中闲游，但每年总是亲自抓几件事，而且有的往往是小得初起令人发笑的事。兹举一件小事为例：

郑显正来沭阳一个多月时，已近夏季。有一天，仆人外出，他亲自动手搭蚊帐，没有竹竿。这时，恰巧有个在县衙钱粮柜上当差的人经过门前，他招呼道："小哥，请帮点事，到街上给我买竹竿。"说着，掏出三十个铜钱，交给粮差。因郑显正说话的口音是江西方言，与沭阳方言相差很大，差人把"竹竿"误听为"猪肝"，以为他要买猪肝下酒，便高兴地拿着钱走了。一面走一面想：县太爷叫我办的这点小事，没有大的油水可捞，小小的油水还可以沾一点。县衙外边不远处，便有个薰烧店。差人到了店里，高声叫道："县太爷向你们赏光哪，指定我到你们店里买五香猪肝下酒！"薰烧店的老板一听说是县太爷叫来买猪肝的，忙陪着笑脸说："巴不得孝敬县太爷。"说着，拣了一块一斤多重的猪肝，用荷叶包好递过去。可这个差人没拿盛东西的家具，便冷冷地向小老板说："总不能叫我用两只手捧着送给县太爷吧。"小老板见他神情不好，忙哈着腰说；"不能叫您捧回去！"便转身向内递出布袋，把包好的猪肝放进布袋，又陪着笑脸："还要不要别的薰货？"差人又冷冷地说："你酌量吧，反正是县太爷亲自叫我跑一趟的。"他的语气当然使小老板又一次受到了"点拨"，于是便笑呵呵地说："呐，再加两只猪耳朵，给他老人家下酒吧！"说着，又包了两只猪耳朵放进袋里。

"给你钱！"差人伸手向衣袋里摸。

"拿去吧，不要钱，不要钱！"

"县太爷叫我来买东西，怎能不交钱呢！"

"这样吧"，小老板客气地说，"难得县太爷看得起小店，少收点，意思意思，五个铜钱！"

差人拎着布包往回走，心里盘算着："我向县太爷报帐时，再还回他十个钱。这趟小差事，落得十五个铜钱和两只猪耳朵，嘻嘻，晚上小酌一顿。"

差人回到郑显正的屋里，从袋内掏出猪肝。郑显正一见，哭笑不得，面带愠色地大声嚷道：我叫你买竹竿，你买猪肝！耳朵哪？"差人一见郑显正愠怒，脑子里嗡嗡地响起来，加上语言不同，只听懂郑大人连问两声"耳朵哪"。郑显正的意思是说"你的耳朵不灵",差人以为在薰烧店里贪的两只猪耳朵,叫谁报小耳的看见,提前向县太爷回报了,心中一阵惊恐,便从布袋里又掏出猪耳朵,更弄得郑显正莫名其妙。

买竹竿变为买猪肝,本是一件小小的误会,但引起了郑显正的注意。他想:这个差人即使把竹竿错成猪肝,为什么在听我嚷斥之后,又取出猪耳朵?有没有欺诈和贪窃行为?因为他到任以来,常到街上和老百姓闲谈,早就知道沭阳县衙中的差人一贯威胁讹诈老百姓。想到这些,他叫仆人把那个买猪肝的差人唤来,问道:"一个薰烧猪肝和两只猪耳朵,按价大约要三十多个钱,你怎么又退还我十个钱?"差人一听,脸儿刷地红了,结结巴巴地说:"小的是说替大人买的,店里客气些。只收二十个钱。"郑显正又问:"买竹竿听错了,错为买猪肝,那末袋里为何又掏出猪耳朵?"差人一听,嗫嚅起来,稍一停顿,说:"那是小人自己付钱买的,准备拿回家自己用。"郑显正有些愠怒:"你自己买的东西,为何混在猪肝一起捧给我?"差人木然无言。

第二天,郑显正叫仆人到薰烧店询问这件事,接着,对差人严肃鞫训,很快把事情弄清。郑显正对这个差人严厉地指责道:"作为官府的一个公差,办了三十个钱的小事,居然蒙上压下,揩老百姓二三十个钱的油水,若是委你去办大事,便可想而知了。我奉皇命,作为一县百姓之主,无法原谅你!"于是把全衙官吏召来,当

▲ 古代方孔钱

堂宣布这件丑事，喝令把这个差人拖下去，责打十板，逐出衙门。

郑显正处罚差人贪污猪耳朵的事，很快传遍全城，老百姓一片赞许。可是也有人说："县太爷把鸡毛蒜皮的小事当做案子抓，没出息，可见此人不会做官，不知抓大事！"有个叫施云方的老秀才拄着拐杖来见郑显正，关心地对他说："郑大人，你抓住这点小事，做这么大的文章，恐怕失之严苛了，会遭到众怨、失掉民心的！"郑显正坚定地说："老先生，你忘了'药弗瞑眩，厥疾弗瘳'的名言么；对于确诊了的病，必须以猛药攻之，方可把病治好！惩处坏事，是不会失掉民心的！"

数日后，县衙贴出告示说："今后，衙门官吏、差役，断不准蒙上欺下、侵扰百姓。若有犯者，只要事实确凿，轻者，百姓可以把其膀臂拖来县衙论处；重者，百姓可以将其绑来县衙……"过去，差人在下边讹三胁两，都以小事作为藉口；现在知道了，所谓"小事""轻者"，就是指贪污猪耳朵这样的事。从此，县衙里办事的人，个个小心谨慎，不敢再欺诈老百姓。

郑显正任沭阳县令三年中，在吏治、讼狱、治安、治水、农桑、民事等方面，都有"捉一事，动全县"的故事。他最后病死在沭阳的任上。临终前，嘱咐仆人用他自己的毛驴把棺材拉回老家，不准接受一个人的"礼钱"。他的儿子得信从江西赶来沭阳奔丧，老百姓到几十里外迎接。许多人赠钱给他，要求厚葬，他的儿子坚持不受，说："若这样做，是玷污先父的人格！"

郑公灵车上路时，护送和围观的百姓，哭声不绝。

■ 严惩恶棍妖僧

清朝乾隆年间，河南卫哲治任海州知州。他廉明恺悌，爱民如亲，致力于除霸镇恶，兴修水利，赈济灾民，创办义学，被百姓颂为"卫青天"。

一百多年后,海州传述卫哲治的故事,还有些人感动得流泪。

卫哲治于雍正年间,由选贡进入仕途。据说,他首次与京都某翰林议论政见,对"忠臣"二字有独特的见解。自古以来,官场上常把绝对服从帝王的意志称为"忠臣",卫哲治则不以为然。他向这位翰林解释道:"尽己之诚谓之忠,尽心为民方可称为国之忠臣。"他一向认为按照真理维护百姓的利益,就是对皇帝最大的"忠"。在行动中,他也确实是这样做的,所以百姓称颂"他爱民,如老鹰保护鹰雏",是"真正的民之父母"。

▲ 古代僧人

卫哲治爱民的传说很多,仅惩办恶僧弘法云一事,即为后世永久歌颂。

雍正十年,京畿某寺院青年僧人弘法云,带领随侍僧人数名,云游至海州圆林寺,见这座寺院规模宏大,座落于风景秀丽的海州山腰,东临大海,南视千乡,北靠繁华古雅的海州城,是个难得的好所在,便要在该寺"留禅"。圆林寺住持见他们言行风度,不像虔诚的佛门弟子,婉言谢绝了。不料,弘法云返京不久,雍正皇帝突然敕谕海州知州:"朕恩赐弘法云为海州圆林寺住持僧人,由知州安顿事宜。"知州接旨,莫名其妙,但这是皇帝的命令,只好停止州内一切常务,筹办典雅的仪式,"恭迎圣僧"。原来,弘法云是雍正皇帝一位爱妃的表弟,幼时因病"许愿"出家。他虽在京畿某寺为僧,却不守清规;而京畿寺院又靠近皇帝,他在那里不敢放肆为非,便请求表姐为他向皇上讨得了海州圆林寺住持的敕旨以及向知州下达的敕谕。

弘法云带领数十名僧众来到海州，知州请示弘法云："圣僧驾临，要本州作何安排？"弘法云盛气凌人地指令："圆林寺原住持迁出，其余僧众，待考察后，再定去留！"从此，圆林寺变成了一片污浊天地。寺内一百多名和尚，均弃佛习武。侵占四周民田一百余顷，被侵占田产的农民，全部变为寺庙的"佃户"。寺中，天天鱼肉美酒，筵席不断。弘法云的住所，锦帷华盖，护卫森严，犹如皇帝。和尚们出来打猎，往往是几十匹马，奔驰在农田上，任意践踏庄稼，有敢于阻止的，即被抓进庙去，拷打致死。被侵占田地的农民，除去交租，还规定"青壮眷属，轮流进寺应差"，为和尚们洗衣做饭。这些妇女，几乎没有一个不被和尚强奸的。后来，这些恶僧在弘法云的鼓励下，竟带着武器，四处敲诈勒索。更有甚者，肆无忌惮地劫持强奸民女。起初是：和尚们望见山下路上有娶新娘的花轿，便一拥而上，令将花轿抬上山，先由弘法云奸污新娘，继而再由下属轮奸，糟踏数日，方才放回。如此几次之后，没有人再敢抬花轿经过山下，和尚们便拦截行路的妇女。不久，没有妇女敢经过山下，和尚们便拿着弘法云的"圣僧特谕"到百姓中宣示："凡婚娶者，必须先将新嫁女送圆林寺净身除灾。"有不听"圣僧特谕"的，和尚们便像衙门捕快一样，带着武器，把新娘、新郎抓上山来拷打。百姓们对这班恶僧痛恨极了，常常结群跪在州衙门前，请求州官为他们除害，但州官总是避而不见。因为弘法云是带着王命来的，他出入州衙如履百姓门阈，州官对他阿谀奉承、犹恐不及，怎敢制止他的恶行？

乾隆七年，卫哲治由赣榆县令晋升海州知州。他一到任，就想到：不严惩弘法云，便无法公正地施行法令；若法不同令，便无法治理海州。而惩治弘法云，必须获得乾隆皇帝的准许。可是弘法云的圆林寺住持，是雍正先王敕封的，想使当今皇帝否定他，可想而知是很难的！卫哲治为了这件事，郁闷怅惘，食无滋味，夜不安寝。他最后想到：只有冒死向皇上直陈弘法云的罪恶，别无他法。于是，他亲自撰写一份奏章，把弘法云的罪恶及其"根子"写得清楚明白。奏章中写道："僧人弘法云，奉先帝敕旨，住持海州圆林寺。该僧系佛衣遮身之恶棍，至海州后，以皇亲自恃，无法无天，指挥恶众，侵占民产，敲诈勒索。更有甚者，纵其恶徒，威逼劫持民间妇女入寺，自弘法云而下，轮行奸污。受害者，不计其数。州城四郊数十里内，凡女子婚配，必先经弘法云及其僧众奸污，尚美其名曰'敕赐圣僧为民女净身除灾'云云。其行之恶，甚于野兽，实为亘古所未闻也。"奏章中还写道："据云，弘法云系先帝宫中某皇妃之表弟，因以皇亲国戚为恃，而肆虐一方。微臣以为，如此恶棍，竟获敕赐，必系先帝繁忙理事中之疏忽。若任其肆虐，既玷污皇天，亦激发民怨，其害烈矣！为安社稷，以报皇恩，微臣冒死上疏……"卫哲治写完奏章，在灯下反复阅读，心潮起伏，拿着奏章的手，不觉抖动起来。因为奏章中，不但语言犀利尖刻，而且直刺两代皇帝的面子。呈上后，若皇帝能够理解百姓的痛苦，有可能"一镖中的"；若皇上觉得刺了皇家的面子，则立可招来杀身灭族的大祸。想到这些，卫哲治心中犹豫，又不敢呈奏。他上了床，刚刚蒙眬欲睡，百姓们流泪痛哭的惨状，又鲜明地浮现在他的眼前。他披衣坐起，愤然想道：为官者，如此惜命胆怯，何谈为百姓主正？做官者，若看着百姓受难不管，不但是卖狗皮膏药的骗子，而且是有意威逼老百姓越法起事！他终于下了决心：拿脑袋拼一拼！

卫哲治赴京之前，含着泪向夫人和爱妾讲明赴京的危险，令全家人作好不幸的准备。

州官叩见皇帝是很难的。卫哲治在京都等候十余日，终得在一次早朝中，由刑部尚书引导，拜见了乾隆"圣驾"。皇帝看了奏章，皱起眉头，呼唤他走到玉阶上边，轻声问道："卿所奏，无妄乎？"卫哲治慌忙跪下回话："奏章乃臣亲手书写，不敢有一字虚妄。"皇帝又问："所云弘法云系先帝某皇妃之表弟，卿何以知之？"卫哲治道："弘法云惟恐下边不知他是皇亲，向来自表身价，皇妃表弟乃是他自己声言的，海州已家喻户晓。"皇帝又皱眉道："卿且退下，隔日仍由刑部尚书引导，来内宫见朕。"卫哲治叩拜，退到阶下。这时候，他终于松了一口气，觉得内衣全被汗水浸湿。

据说，皇帝退朝后，即在内宫查询此事。原来为弘法云讨取敕旨的先王妃子，已移居别宫。乾隆帝主政后，对先王的几位爱妃并不尊戴，所以当询问弘法云取得敕旨的来龙去脉时，那位王妃竟否认此事。乾隆帝是位聪明的人，碍于皇室的面子，并不深究此事，但他对卫哲治的奏章非常重视。第三日，卫哲治与刑部尚书奉诏晋见皇帝，皇帝已写好御旨："……弘法云依罪处决，其余僧众，由知州依罪酌处。"跪在皇帝面前的卫哲治，一听宣旨，将脑袋叩在地上咚咚地响："臣代表海州数十万子民，谢万岁宏恩！"他的闷塞的心胸豁然舒展，似乎看到海州遍地百姓的笑脸。

卫哲治回州后，急令州衙武官，率数百名勇士包围圆林寺，不准一个和尚逃跑。接着，他到寺中宣读圣旨，逮捕弘法云及属下十几名恶僧头领。其余僧众，一律禁闭待审，并将此事布告百姓。全州上下，得知这个喜讯，欢呼沸腾。百姓们纷纷议论。有的说："卫大人扳倒弘法云，真是在老虎头上扑苍蝇！"有的说："卫大人拼着自己的性命为百姓除害，他的恩情比我们的父母还深！"

弘法云等恶僧头领被关在死囚牢内，不日将要行刑。这时，海州山南的乡间有位姓袁的老者，率几十个乡民跪在州衙前，求见卫知州。卫哲治出衙接见，问："有何陈诉？"袁老者上前叩头道："百姓得知卫大人为民除害，无不称大人为'卫青天'。现在百姓有个请求。"

他顿了一下继续说："弘法云系自古少见的恶霸淫棍，百姓恨他恨得骨头痒痒，以为杀他的头不足以雪心中之恨，求大人允许以特殊的刑罚处死他。"卫哲治问："百姓欲以何种刑罚处死他？"袁老者说："弘法云乃当今一霸，百姓想'以耙（霸）惩霸'，求大人将弘法云交给民众，用两头牛拉着一张耙，把他慢慢耙死！"卫哲治一听这个意外的请求，心中一怔：他想到，百姓的要求虽然庸俗，但不能随口否定。执法的目的，应使恶人对王法产生畏惧之感，使民众对王法产生亲切之感，如此方可日增法威；百姓要求以特异方式处死弘法云，乃因为痛恨过深，如果轻易否定，必致民众不能深感王法的可亲。想着这些，他爽朗地笑着答应："老者，你们回去准备牛和耙吧！"

百姓们听说州官同意用耙耙死弘法云，都轰动起来。那天，州衙在海州北门外"大沙岭"处死弘法云，上万人云集刑场看热闹。弘法云等十名恶僧头领，被禁在囚笼中，拉到刑场。那位袁老者早已把牛和耙准备好，等待开耙。这时，卫哲治在百姓欢呼声中走到刑场发令台前。他见看热闹的人熙熙攘攘，过于拥挤，便纵身站到法令台上，向百姓们讲话："乡亲们！惩办恶僧弘法云等，是当今皇上对海州万民特赐的恩典，是大快人心的事！这班恶僧，作恶多端，杀他们的头，确实便宜他们了。有人要求'以耙惩霸'，这个要求并不过分；我与大家同样痛恨这伙恶贼，所以口头上应允了。不过，思之再三，又不敢如此乱来。因为杀人如何杀法，王法是有规定的。弘法云以淫威害人，情节虽然恶劣，但犯的不是反对朝廷的'大逆'之罪，不能以'凌迟'刑处死，当然更不能别出心裁地用耙来耙死他了。如果我卫哲治依了你们的意见，就违反当今圣上杀人的王法了！请乡亲们看看，对这班恶僧，是否还是杀头了事？"卫哲治这么一讲，百姓们都愣住了。袁老者首先调过向来，他面对看热闹的人群大声叫道："卫大人是我们的青天，我们不能只图自己痛快，让卫大人犯法；如何杀法，由卫大人定！"

百姓们齐声叫喊："听卫大人的！"

在万众扬眉吐气的欢呼声中，十个恶僧被砍了头。

散场时，百姓纷纷议论："我们往日烧香拜佛，请菩萨保佑，那些香都白烧了，今后烧香就要烧给卫大人！""我们祖祖辈辈想着世上有个救苦救难的观世音，卫大人才是真正驾着法船在苦海上搭救众生的观世音啊！"

■ 官场上的"野心家"

光绪末年，有一天，一位年约五旬的绅士模样的人，走在河南项城的街道上。此人身穿长袍马褂，头戴金边瓜壳帽，手持洋手杖。身后数名卫士，腰挎洋枪。到了县城边缘的小桥上，倚栏闲观。这时，过桥的人群中，有个衣衫褴褛的老汉，打着竹板卖唱乞钱。"绅士"突然逸兴遄发，笑着招呼道："老头，过来，唱一段听听！"卫士们立即把老汉拥过来，命令道："唱，唱得好，大人有赏！"这老汉眯缝着眼，笑呵呵地看着这位不平凡的人物："小人就给大人唱一段'无顶歌'吧！"接着，一手打着竹板，一手摇着竹片串儿，唱了起来：

"终日奔波只为饥，方才一饱便思衣。

衣食两般皆具有，缺少娇容美貌妻。

娶了娇妻生下子，恨无田产少根基。

置了良田并楼房，出入无车少马骑。

槽头拴着高头马，缺少朝廷紫绣衣。

做了将相伴皇上，又想自己大登基。

贪心、野心没有顶，

要想到顶么，

除非南柯一梦兮!"

老汉正唱得嘴角喷着唾沫,听唱的这位大人脸色突然变得阴沉,厉声喝道:"刁民,亵渎天子,拿下!"随着一声呼喝,几个随员一拥而上,如鹰抓燕雀,将老汉按倒在地,找根绳子,绑得结结实实带走了。看热闹的人,跟在后边望着,见这个叫花子被带进"洹上老人"公寓去了。于是,大家才知道刚才喝令抓人者,就是被当今朝廷摄政王撤去军机大臣职务的袁世凯。

卖唱的老汉姓赵,被关在阴暗潮湿的小房子里,哀哀喊叫,表明自己无罪;见无人理他,便又撒着性子大骂起来。府中的人,见这老头子不顾死活,便向袁世凯报告。袁世凯阴沉着脸发令道:"娘的,先让他在这里饿几天,煞煞火气,再送项城县治罪!"从此,任凭老汉在屋里喊叫,无人送饭。一直饿了三天,老汉无力再叫,便睡在地上等死。这天,天色已晚,忽然狭窄的窗口有人轻轻地叫道:"老爹,给你吃的!"一个女孩的声音。接着,一包馒头和一壶水从窗口递进来,老汉慌忙挣扎到窗口去接。那女孩又轻轻说道:"听说还得几天,才把你送到项城县衙,别饿坏身子!"老汉没来得及感谢,女孩便离开窗口。

赵老汉被关了七天,袁世凯发话:"把那刁民送交项城县,并向知县转达我的意思:此人,即使不处死,也得终身监禁!"赵老汉被送到项城县,知县看了袁府写来的罪状,要按袁世凯的谕示给赵老汉定罪,想不到老汉慷慨陈辞,反驳罪名。他先把"无顶歌"重说一遍,接着说道:"大人,您想想,我的'无顶歌'斥责那种做了大官又想当皇帝的野心家,

▲ 清代竹板

明明是维护皇上，怎么倒变成了亵渎皇上？"老汉的言词，驳得县官无话可说，但碍于袁世凯的面子，只好暂时收监。过了几个月，县官得知袁世凯又被启用，进京去了，便不经宣判，悄悄释放了赵老汉。

赵老汉又在街上打着竹板卖唱。突然，有人在他的臂上拉了一把："你还敢唱？"老汉一看，是一位如花似玉的姑娘，不禁诧异道："你是哪家小姐？""嘻嘻"，姑娘用袖子掩着嘴笑道，"你不认识我，我可认识你，你被解走那天，我可看得仔细呢；还记得从窗口递馒头的事么？""记得！记得！"老汉知道站在面前的正是在危难中搭救自己的恩人，几乎要屈膝跪下，但碍于她是个孩子，只好抱拳在胸，连声叫道："谢谢大姐，好心人！请问大姐尊姓芳名？""我姓陈，叫香奴，是袁大人二太太的丫环……"接着，她陈述道："袁大人已进京一个多月了，家眷正准备搬去京城，今天，二太太叫我到花粉店买些零碎东西。"

赵老汉直愣愣地看着香奴，好像面前站着的是他的亲生女儿。他怕她立刻走开，又扯出话来："大姐，你们府上的人，知道我犯的什么罪么？""都说你亵渎皇上"，香奴小声说，"其实我们都知道你没有罪。"

"我有罪！"老汉突然愤怒起来，脖子上的青筋暴起；"我犯的不是亵渎皇上的罪，而是犯了触动袁大人野心的罪！我在牢里，反复思摩，做官的人好像有两种心胸：若是清官，官做得大了，经识事情多了，就更加关心老百姓；若是奸官，官做得大了，不但不把老百姓当做人，而且官位高了，野心便跟着长起来；官越大，野心越大。"老汉转作激昂的语气说："袁大人一听'野心'二字，便火了起来，看来他想做皇帝，怕人识透他！""别瞎说，不要命哪？！"香奴怕惹出祸来，恐惶地走开了。走了几步，还听见老汉在后面嚷着："我这不值钱的老骨头，怕什么死？"

然而，赵老汉的话，在香奴的脑中留下深刻的印象。

几年后，袁世凯做了中华民国大总统。一天早晨，他早睡未起。二太太的丫环香奴按生活常规，端着一碗燕窝汤送到他的床前。一不小心，被床前的靴子绊了个趔趄，失手将一碗汤摔在地上。袁世凯正在梦中，被摔碗的声音惊醒，吓了一跳。他睁眼一看，见使女张着手站在床前，既疑又怒，立即摸过手枪，哗啦装上子弹。香奴一见，慌忙跪下，急求道："大人饶命！"袁世凯叱道："你干什么？"香奴道："大人，奴婢摔了碗。"袁世凯道："你身为奴婢，为何当着我的面摔碗？即使是粗心大意，也不能饶你！"香奴灵机一动，禀道："大人，奴婢有话，不敢讲。"袁世凯觉得奇怪，问道："有甚话，快说！"香奴仍低头不语。袁世凯再次叱喝："讲，说得有理，我便饶你！"香奴道："大人，往日早上，奴婢献汤，均见大人安睡在帐中。今早奴婢走到床前，忽见雾气腾腾，一条龙盘在床上，奴婢一吓，后退一步，摔了碗，再定睛一看，是大人在翻身摸手枪。"袁世凯一听，立即笑容可掬道："算了，算了，你无罪！"他想：天下已握在自己的手中，上天必宠我为天子，这丫环所见，必是征兆。香奴死里逃生，捏着一把汗，走到屋外，心里想：袁世凯想做皇帝的野心，明摆着了。

袁世凯演了八十天"洪宪皇帝"的丑剧，招来各界强烈反对，不久，在全国唾骂声中病死。袁氏府门灰飞烟灭，香奴获得自由。嗣后，有人问她："香奴姐，你在送燕窝汤的危险时刻，为什么能够突然想出那个妙计来？"香奴笑着说："是赵老爹救了我的命，他的'无顶歌'给我留下深刻的印象。我早就想到：像袁世凯那样野心勃勃的人，怎能不想做皇帝呢！"

后来，有人研讨袁世凯发迹的过程和心态，正像两个小人物估猜的那样。据说，袁世凯是一个非常相信鬼神的人。他在二十岁前，参加童生考试，怕连个秀才都考不上，跪在袁氏祠堂的祖先牌前焚香祷告:"求列祖列宗保佑,若将来能做个县官,一定重建祠堂。"后来,他通过捐纳,进入官场,采取种种手段向上爬,于光绪二十一年受吏部委任以道员头衔组训"新建陆军"。这一年,他回河南项城祭祖,一位老族长郑重地赞扬他,并取笑道:"慰亭,十五年前你有无想到能做这样大的官?"袁世凯的脸儿刷地红了,愧赧地说:"晚辈幼时以为能做个县官就不错了,当时,心胸褊狭,确实可笑!"他当上军机大臣后,又以两面派的手段,出卖维新派和光绪皇帝,取得慈禧太后的宠信,集直隶总督、北洋大臣及练兵处会办大臣于一身;最后,依靠帝国主义,爬上内阁总理大臣的宝座,要挟革命党人,当上中华民国大总统。这时,他想到民国大总统并无个人号令天下的权威,便进一步采取种种卑鄙的手段,做起皇帝来。袁世凯一生的轨迹,生动地说明:官场上的野心家,爬得越高,野心越大。

两个小人物能够提前看透他,真是难得的。

■ 狗眼看人,自取其辱

世人常骂人是狗,未见狗说狗是人。

作狗骂狗何来由?多因得失非为情。

四句俗歌,引出一段故事。清朝海州为直隶州,辖赣榆、沭阳两县。海、赣、沭地学府录取生员(秀才),虽名义上由上边委派主考裁决,实际上主要由知州衙门的学正圈定。由于童生行贿的很多,学正便成了肥缺。衙门里有些自诩通达经书的人,千方百计捧拍知州,希冀得到学正的职位。

清朝光绪末年,施焕任海州知州。当时虽然兴办学堂,但科举制度还保留"恩科"的尾巴。在守旧派的眼中,学正的职务仍是"肥缺"。州衙中有个文吏,名叫卞寅,办事勤谨,很得知州的赏识。公务之余,知州常跟他讲些闲话。一次，卞寅试着向知州请示："大人，卑职追随您老的鞍马，从来不敢稍懈，能否看在卑职劳碌的份上，将现缺的学正职务赏给卑职应付？"知州听了，默然片刻。他心里想：卞寅做事勤谨，确实不错，可学正的职务，须学识超群而且有声望的人担任，才较合适，便随口道："以后再说罢。"卞寅见知州未置可否，心里立刻产生"鲜桃已熟，可望摘取"之感。回家便把知州说的话对妻子讲了，并且分析道："看来大人的内心是倾向于我的，只需要再作实际的孝敬，暖暖他的心。"妻子领悟道："所谓实际孝敬，是否要花点本钱？"卞寅道："那是自然，得舍得出点血，方可一火成功！"于是，夫妻俩商定，拿出一部分积蓄，兑成两个各二两的金锭子，准备寻个空儿，送给知州。

恰巧，近来知州患病，且较沉重，从郯城请来名医蒋某，为其诊病施治，正在服药静养。卞寅感到知州在病休期间，正是行贿的好机会，便买来两盒人参，将两锭金子塞在人参盒内，提着去知州家中探病。卞寅到知州床前叩拜，细心询问病情，并面色忧虑地为知州塞好被子，轻言道："大人待我胜过亲生，大人贵体有恙，卑职日夜忧虑。"他一面说着一面想：人在病中，得到安慰，是最容易受感动的；再加上我馈赠重礼，看来他病愈后，必会把我的请求放在首位考虑。临回时，他把两盒人参亲手捧给知州夫人，并叮咛道："这是上等参，留给大人进补。"

知州夫人见到人参，突然想起蒋医生嘱咐"病人须进大补"的话。她想：卞寅送来的人参如果是最好的，正好用得着。卞寅走后，夫人打开一盒，一看，是普通人参，但里面有红绸包着的一锭金子；再开另一盒，又是一锭金子。她心里有数了：不是送参，而是送金子的，便把参盒放回原处。

郯城请来的蒋医生住在前边客厅的偏室里。卞寅出了知州的小院，经过客厅门前，恰巧碰上这位蒋医生。卞寅打躬，随口问道："请问蒋先生,我家大人的病情怎样?"医生突然面色凄然地反问:"你是大人的什么人?"卞寅道:"我是他的体己文吏。"医生道:"那我就把实情对你说了:知州大人脉相危殆,看来已是不治之症了。"卞寅一听,大吃一惊,忙追问:"能到这等地步?"医生道:"行医,一心想着救人,他的生命若无忧人隐危,我岂敢胡说?"卞寅一听,犹如身子落入冰窟,后悔不该蓦然把金子送去。回到家中,他急红着脸,把知州患了不治之症的情况向妻子说了,妻子也猛然一怔。停了一会,妻子自慰道:"医生也有断错病的,依我看,州官大人未必没救。"卞寅顿足道:"蒋医生是个名医,专门用八抬大轿从郯城请来的,没有把握,怎敢胡言?"夫妻俩泪水直流,悔恨不该冒失从事。

停了一会,卞寅突然惊叫道:"有了!"他吩咐妻子:"你在家,我出去一下,再买人参!"妻子问他"什么意思",他急得不作解释道:"你且不要问我!"卞寅出了家门,便喊:"黄包车,拉我到南门里那家药店去!"没有顿饭工夫,他又拎着两盒人参疾步往知州家去。

知州夫人见卞寅刚去不久又来她家,正要问有甚事?卞寅连忙用手对着自己的嘴摆了几下,示意不要惊扰大人睡眠,然后走到夫人身边轻声道:"刚回到家,听邻居说,隔壁药店卖的人参,虽是上等参,但都是陈货,原来买的,正是他家的参,恐有霉变,怕大人用了损害健康,故又到南门药店买来新货,也是上等的;原来的两盒,准备拿回去,退给药店。"知州夫人因已知道人参盒内装有金子,现在见他又急着要拿回去,有些摸不着头脑,心想:是不是现在拿来的人参盒内又装了什么?便随口道:"真感谢你的一片热心。"便由他将原

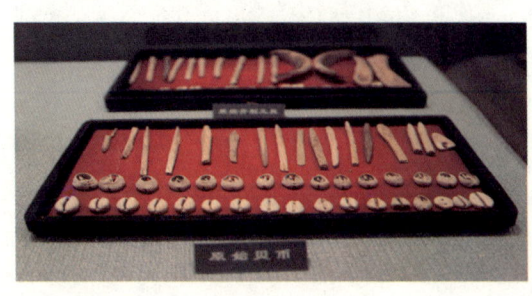

来的两盒人参拿走了。卞寅走后，夫人拆开盒子一看，里面装的也是普通人参，但没有金子，她心中有些凄恻恼怒之感，但不明原因，也就隐于心中了。

人常说：医术至高的医生终归不是神仙。蒋医生虽名气很高，却错断了知州的病情。经过几易医生诊治，一个月后，知州的病体竟痊愈了。一天，州衙一位卫营把总与知州夫人闲谈道："前些时，我们上下人等虚惊一场，您知不知道？"夫人问："何事？"把总笑道："现在才敢对您说：前些时，郯城请来的那位蒋医生，诊断老爷为不治之症，衙中上下没有不知道的，只瞒着您一家，怕您知道哭哭啼啼。"说罢，哈哈大笑。把总的几句话，陡然使夫人想起卞寅换回两盒人参的事，其可笑的用心，已无须她揣度了；夫人强作笑容，心里真有说不出的滋味。

当晚，夫人在灯下把卞寅送金子复又取回的经过向知州讲了。知州半响不语。接着，他叹了口气："人情冷暖，世态炎凉，非父非子，情从何来？"

知州把卞寅演的戏丢到一边去了，他要夫人"不要记着这些小事"，可夫人心里却憋不住。一日，知州要偕夫人和孩子去云台山和东磊一带游玩，卞寅请求随侍。知州叫他雇两辆轿篷马车，一同去了。一伙人玩了半天，到大村宝塔下的饭店休息吃饭。忽然从窗口望见附近山民家的几条狗，追着一个讨饭花子狂吠。知州夫人灵机一动，便笑着向卞寅说："卞先生，我们赛诗怎样？"卞寅道："如何赛？"夫人道："以眼前所见的狗咬讨饭的为'诗格'，吟四句诗，每句必有'人'字和'狗'字。"卞寅知道知州夫人虽读书不多，但很有俗才，便笑道："我只能想想看。"他仰脸向天，口中吟哦一会，没有想出合适的句子，便笑着认输道："夫人出的'诗格'，可真难住我了，因为我读过的诗词中，未见使用'狗'字之类的俗字，请夫人先吟，我来学学。"

夫人随口吟道：

　　　　人若养狗狗摇尾

　　　　人若讨饭狗咬人

夫人刚吟完第二句，知州听出她的用意，立即喝着阻止："胡说，这是什么诗？"夫人并不理睬知州的断喝，继续吟了两句：

　　　　人若额头生狗眼

　　　　人与狗儿无不同

卞寅突然面如血浇，头脑中先是一阵紧缩，如戴上紧箍了，接着，嗡嗡作响，像要炸开。

拓展阅读

外戚弄权害皇帝

外戚是皇帝的母族或妻族，他们凭借皇后、太后势力而把持朝政，甚至夺取皇权。隋文帝杨坚就是夺权成功的一个例子，早在女儿成为北周皇后之前，他就因父亲的荫庇位尊而名显。当时的北周皇帝显然注意到了他上升的势力，几次想除掉他，杨坚小心谨慎从事，运气也不错，最后都化险为夷了。他的女婿周宣帝觉得做皇帝意思不大，喜欢纵欲无度的生活，在公元580年仅22岁就大病而死。在公布皇帝的死讯之前，杨坚和女儿迅速地采取行动，下假诏书夺取了军政大权，以及京城部队的指挥权。8岁的外孙宇文衍继位之后，他控制了中央绝大部分权力，而且以小皇帝的名义做事也特别方便，不长时间就打败了各种反对势力，于581年登上皇帝宝座建立隋朝。

从宋朝开始，在制度设计方面就几乎不给外戚机会了，皇帝们充分意识到他们对君权的威胁。然而两汉皇帝以帝国为私人产业，觉得自己家亲戚最可靠，外戚家族的巨大权势超过了历史上的其他朝代，皇帝一旦临朝则家族布列朝廷。卫青、霍去病就是因汉武帝皇后卫子夫的关系渐渐显达起来的，他们击败匈奴，功勋卓著。可是当皇帝驾驭不了这些亲戚的时候，霍光、王凤等皇后家族就左右了朝廷，最后还有王莽通过各种戏法以"新"朝代替汉室。

  东汉的情况更是这样，章帝以下的承继大统者都在10岁左右，窦、邓、梁姓皇后家族轮番上台弄权。汉顺帝刘保的皇后梁妠是大将军梁冀的妹妹，凭着这个关系他成了大将军。汉顺帝死的时候梁冀就已经十分骄横了，之后他与梁太后策立了三位皇帝：一位是冲帝刘炳，只有两岁，成为皇帝半年后夭折了。接下来的汉质帝刘缵八岁，一次上朝小孩看到梁冀对人对己气势汹汹，便说他"真是个跋扈将军"。小皇帝说得一点都不错，梁冀干脆把他给毒死了。汉桓帝刘志即位后，梁冀更加飞扬跋扈，当时朝廷的大小政事都由他决定；地方贡品，要先把上等的送给梁冀，然后才把次一等的献给皇帝。专横达到了极点。直到梁太后病死前一个月，才还政于桓帝。梁妠临朝听政了六年。

图片授权

全景网

壹图网

中华图片库

林静文化摄影部

敬　启

  本书图片的编选，参阅了一些网站和公共图库。由于联系上的困难，我们与部分入选图片的作者未能取得联系，谨致深深的歉意。敬请图片原作者见到本书后，及时与我们联系，以便我们按国家有关规定支付稿酬并赠送样书。

  联系邮箱：932389463@qq.com

参考书目

1. 殷啸虎. 中国古代衙门百态. 上海：东方出版中心. 1997
2. 殷啸虎. 古代衙门. 上海：东方出版中心. 2008
3. 刘绍明. 南阳府衙丛编：古代衙门之旅. 西安：三秦出版社. 2011
4. 刘鹏九. 内乡县衙. 郑州：中州古籍出版社. 1999
5. 完颜绍元. 说官衙门道. 上海：上海辞书出版社. 2014
6. 完颜绍元. 天下衙门——公门里的日常世界与隐私生活. 北京：中国档案出版社. 2005
7. 郭君臣，刘广. 衙门. 重庆出版社. 2006
8. 张程. 衙门逻辑. 北京：国家行政学院出版社. 2014
9. 赵冠军. 清水衙门. 西安：太白文艺出版社. 2001
10. 孙方友. 衙门口儿. 北京：现代出版社. 2003
11. 完颜绍元. 封建衙门探秘. 天津：天津教育出版社. 1994
12. 周敦胜. 天下衙门朝民开. 北京：长征出版社. 2000
13. 杨士采. 衙门遗话. 广东珠海：银河出版社. 2001
14. 李文彬. 中国古代监狱简史. 西安：西北政法学院科研处. 1985
15. 李古寅. 中国古代刑具的故事. 北京：中国文史出版社. 2005
16. 杨玉奎. 古代刑具史话. 天津：百花文艺出版社. 2004
17. 金开诚，刘洋. 古代刑罚与刑具. 长春：吉林文史出版社. 2014
18. 单而辉. 惨无人道的古代刑具. 北京：中国戏剧出版社. 2005
19. 许新华. 衙门人事职责研究. 郑州：中州古籍出版社. 2013

中国传统民俗文化丛书

一、古代人物系列（13本）
1. 中国古代乞丐
2. 中国古代道士
3. 中国古代名帝
4. 中国古代名将
5. 中国古代名相
6. 中国古代文人
7. 中国古代高僧
8. 中国古代太监
9. 中国古代侠士
10. 中国古代幕僚
11. 中国古代皇后
12. 中国古代士人
13. 中国古代华侨

二、古代民俗系列（10本）
1. 中国古代民俗
2. 中国古代玩具
3. 中国古代服饰
4. 中国古代丧葬
5. 中国古代节日
6. 中国古代面具
7. 中国古代祭祀
8. 中国古代剪纸
9. 中国古代鞋帽
10. 中国古代生肖文化

三、古代收藏系列（16本）
1. 中国古代金银器
2. 中国古代漆器
3. 中国古代藏书
4. 中国古代石雕
5. 中国古代雕刻
6. 中国古代书法
7. 中国古代木雕
8. 中国古代玉器
9. 中国古代青铜器
10. 中国古代瓷器
11. 中国古代钱币
12. 中国古代酒具
13. 中国古代家具
14. 中国古代陶器
15. 中国古代年画
16. 中国古代砖雕

四、古代建筑系列（12本）
1. 中国古代建筑
2. 中国古代城墙
3. 中国古代陵墓
4. 中国古代砖瓦
5. 中国古代桥梁
6. 中国古塔
7. 中国古镇
8. 中国古代楼阁
9. 中国古都
10. 中国古代长城
11. 中国古代宫殿
12. 中国古代寺庙

五、古代科学技术系列（15本）
1. 中国古代科技
2. 中国古代农业
3. 中国古代水利
4. 中国古代医学
5. 中国古代版画
6. 中国古代养殖
7. 中国古代船舶
8. 中国古代兵器
9. 中国古代纺织与印染
10. 中国古代农具
11. 中国古代园艺
12. 中国古代天文历法
13. 中国古代印刷
14. 中国古代地理
15. 中国古代地方志

六、古代政治经济制度系列（16本）
1. 中国古代经济
2. 中国古代科举

3. 中国古代邮驿

4. 中国古代赋税

5. 中国古代关隘

6. 中国古代交通

7. 中国古代商号

8. 中国古代官制

9. 中国古代航海

10. 中国古代贸易

11. 中国古代军队

12. 中国古代法律

13. 中国古代战争

14. 中国古代衙门

15. 中国古代外交

16. 中国古代盐文化

七、古代文化系列（26本）

1. 中国古代婚姻

2. 中国古代武术

3. 中国古代城市

4. 中国古代教育

5. 中国古代家训

6. 中国古代书院

7. 中国古代典籍

8. 中国古代石窟

9. 中国古代战场

10. 中国古代礼仪

11. 中国古村落

12. 中国古代体育

13. 中国古代姓氏

14. 中国古代文房四宝

15. 中国古代饮食

16. 中国古代娱乐

17. 中国古代兵书

18. 中国古代哲学

19. 中国古代宗祠

20. 中国古代奇案

21. 中国古代旅游

22. 中国古代家风

23. 中国古代地名

24. 中国古代家谱与年谱

25. 中国古代名字与别号

26. 中国古代墓志铭

八、古代艺术系列（12本）

1. 中国古代艺术

2. 中国古代戏曲

3. 中国古代绘画

4. 中国古代音乐

5. 中国古代文学

6. 中国古代乐器

7. 中国古代刺绣

8. 中国古代碑刻

9. 中国古代舞蹈

10. 中国古代篆刻

11. 中国古代杂技

12. 中国古代民间工艺